कोई दूसरा नहीं

कोई दूसरा नहीं

कुंवर नारायण

राजकमल प्रकाशन

ISBN : 978-81-267-0007-3

मूल्य : ₹595

पहला संस्करण : 1993
छठा संस्करण : 2021
सातवाँ : 2024

प्रकाशक : राजकमल प्रकाशन प्रा.लि.
1-बी, नेताजी सुभाष मार्ग, दरियागंज
नई दिल्ली-110 002
शाखाएँ : अशोक राजपथ, साइंस कॉलेज के सामने, पटना-800 006
पहली मंजिल, दरबारी बिल्डिंग, महात्मा गांधी मार्ग, प्रयागराज-211 001
1, अनमोल सोराबजी संतुक लेन, धोबी तलाव, मरीन लाइंस, मुम्बई-400 002
वेबसाइट : www.rajkamalprakashan.com
ई-मेल : info@rajkamalprakashan.com

मुद्रक : बी.के. ऑफसेट
नवीन शाहदरा दिल्ली-110 032

KOI DOOSRA NAHEEN
Poems by Kunwar Narayan

क्रम

उत्केन्द्रित ?

मैं ज़िन्दगी से भागना नहीं
उससे जुड़ना चाहता हूँ।—
उसे झकझोरना चाहता हूँ
उसके काल्पनिक अक्ष पर
ठीक उस जगह जहाँ वह
सबसे अधिक बेध्य हो कविता द्वारा।

उस आच्छादित शक्ति-स्रोत को
सधे हुए प्रहारों द्वारा
पहले तो विचलित कर
फिर उसे कीलित कर जाना चाहता हूँ
नियतिबद्ध परिक्रमा से मोड़ कर
पराक्रम की धुरी पर
एक प्रगति-बिन्दु
यांत्रिकता की अपेक्षा
मनुष्यता की ओर ज़्यादा सरका हुआ ···

जन्म-कुण्डली

फूलों पर पड़े पड़े अकसर मैंने
ओस के बारे में सोचा है —
किरणों की नोकों से ठहराकर
ज्योति-बिन्दु फूलों पर
किस ज्योतिर्विद् ने
इस जगमग खगोल की
जटिल जन्म-कुण्डली बनायी है ?
फिर क्यों निःश्लेष किया
अलंकरण पल भर में ?
एक से शून्य तक
किसकी यह ज्यामितिक सनकी जमुहाई है ?

और फिर उनको भी सोचा है —
वृक्षों के तले पड़े
फटे-चिटे पत्ते ···
उनकी अंकगणित में
कैसी यह उधेड़ बुन ?
हवा कुछ गिनती है :
गिरे हुए पत्तों को कहीं से उठाती
और कहीं पर रखती है।
कभी कुछ पत्तों को डालों से तोड़कर
यों ही फेंक देती है मरोड़कर ···।

कभी-कभी फैलाकर नया पृष्ठ—अन्तरिक्ष—
गोदती चली जाती ··· वृक्ष ··· वृक्ष ··· वृक्ष ···

अबकी अगर लौटा तो

अबकी अगर लौटा तो
बृहत्तर लौटूँगा

चेहरे पर लगाये नोकदार मूँछें नहीं
कमर में बाँधें लोहे की पूँछें नहीं
जगह दूँगा साथ चल रहे लोगों को
तरेर कर न देखूँगा उन्हें
   भूखी शेर-आँखों से

अबकी अगर लौटा तो
मनुष्यतर लौटूँगा

घर से निकलते
सड़कों पर चलते
बसों पर चढ़ते
ट्रेनें पकड़ते
   जगह बेजगह कुचला पड़ा
   पिद्दी-सा जानवर नहीं

अगर बचा रहा तो
कृतज्ञतर लौटूँगा

अबकी अगर लौटा तो
हताहत नहीं
सबके हिताहित को सोचता
पूर्णतर लौटूँगा

घर पहुँचना

हम सब एक सीधी ट्रेन पकड़ कर
अपने अपने घर पहुँचना चाहते

हम सब ट्रेनें बदलने की
झंझटों से बचना चाहते

हम सब चाहते एक चरम यात्रा
और एक परम धाम

हम सोच लेते कि यात्राएँ दुखद हैं
और घर उनसे मुक्ति

सचाई यूँ भी हो सकती है
कि यात्रा एक अवसर हो
और घर एक संभावना

ट्रेनें बदलना
विचार बदलने की तरह हो
और हम जब जहाँ जिनके बीच हों
वही हो
घर पहुँचना

विलक्षण सन्तुलन में

विलक्षण सन्तुलन में एक कण
शायद कहीं पड़ गया झूठा,
पूरे आकाश को खरोंचता
एक तारा अभी अभी टूटा।

मानो एक अग्नि-लीक
अँधेरी सदियों के आरपार
खिंचीं औ' निरस्त करती चली गई
न जाने कितने ही संसार ···

पोछो सब : फिर लिखो शुरू से
उन्हीं उपादानों से—मनुष्य,
सही समत्व-बिन्दु से अभी और
विस्तृत करो जीवन-परिदृश्य।

एक सिफ़र—फिर बनता एक सिर
आँख, नाक, कान, मुँह ··· चेहरा :
नयी क्षितिज-रेखा पर लिख रहा
कोई बच्चा अ आ ई ऊ सवेरा।

दुनिया को बड़ा रखने की कोशिश

असलियत यही है कहते हुए
जब भी मैंने मरना चाहा
ज़िन्दगी ने मुझे रोका है।

असलियत यही है कहते हुए
जब भी मैंने जीना चाहा
ज़िन्दगी ने मुझे निराश किया।

असलियत कुछ नहीं है कहते हुए
जब भी मैंने विरक्त होना चाहा
मुझे लगा मैं कुछ नहीं हूँ।

मैं ही सब कुछ हूँ कहते हुए
जब भी मैंने व्यक्त होना चाहा
दुनिया छोटी पड़ती चली गयी
एक बहुत बड़ी महत्त्वाकांक्षा के सामने।

असलियत कहीं और है कहते हुए
जब भी मैंने विश्वासों का सहारा लिया—
लगा यह ख़ाली जगहों और ख़ाली वक़्तों को
और अधिक ख़ाली करने-जैसी चेष्टा थी कि मैं उन्हें
एक ईश्वर-क़द उत्तरकाण्ड से भर सकता हूँ।

मैं कुछ नहीं हूँ कहते हुए
जब भी मैंने छोटा होना चाहा

इस एक तथ्य से बार-बार लज्जित हुआ हूँ
कि दुनिया में आदमी के छोटेपन से ज़्यादा छोटा
और कुछ नहीं हो सकता।

पराजय यही है कहते हुए
जब भी मैंने विद्रोह किया
और अपने छोटेपन से ऊपर उठना चाहा
मुझे लगा कि अपने को बड़ा रखने की
छोटी-से-छोटी कोशिश भी
दुनिया को बड़ा रखने की कोशिश है।

पालकी

काँधे धरी यह पालकी
है किस कन्हैयालाल की ?

इस गाँव से उस गाँव तक
नंगे बदन, फेंटा कसे,
बारात किसकी ढो रहे ?
किसकी कहारी में फँसे ?
  यह क़र्ज़ पुश्तैनी अभी किश्तें हज़ारों साल की।
  काँधे धरी यह पालकी है किस कन्हैयालाल की ?

इस पाँव से उस पाँव पर,
ये पाँव बेवाई फटे :
काँधे धरा किसका महल ?
हम नींव पर किसकी डटे ?
  यह माल ढोते थक गई तक़दीर खच्चर-हाल की।
  काँधे धरी यह पालकी है किस कन्हैयालाल की ?

फिर, एक दिन आँधी चली
ऐसी कि पर्दा उड़ गया!
अन्दर न दुलहन थी न दूल्हा
एक कौव्वा उड़ गया ······
  तब भेद जाकर यह खुला—हमसे किसी ने चाल की
  काँधे धरी यह पालकी ला ला अशर्फी लाल की!

मुश्किल से शुरू हुई दुनिया

वह बीच सड़क पर चल रहा था
हाथ में अपनी जीत का झंडा लिए
और नारे लगाता हुआ
यह मान कर कि उसके पीछे
उसके समर्थकों का जुलूस है
  तमाशाई नहीं।

ग़दर के लखनऊ से भी ज़्यादा पुराना
  शायद वह तब का था
जब अवध के नवाबों की राजधानी
  फ़ैज़ाबाद थी, या और पहले का
  जब अयोध्या बसी किसी पुराकाल में

वरना कैसे होते उसके अन्दर
ऐसे-ऐसे पवित्र खँडहर,
बीहड़ और पेंचदार गलियाँ,
भुतही इमारतें, टूटी-फूटी सड़कें,
अँधेरी बेहाल जगहें जिनका ओर न छोर,
कैसे होता वह ज्वालामुखी अतल अंधकूप
जिसमें झाँकते ही चक्कर आ जाता,
कैसे होते वे तमाम लोग उसकी दुनिया में
  जो आते—बसते—और चल बसते—
  अपने माल असबाब जहाँ तहाँ छोड़ कर।

एक डरावना पशु जब भी
एक डरे हुए प्राणी पर झपटता
उसके उत्खनन के लिए प्रेरित होता हूँ

एक पुरातत्ववेत्ता की तरह :
किसी भी पुरानी या नयी बस्ती में
जब भी आग लगती
तब मिट चुकी सभ्यता के सुराग खोजते हुए
जो तथ्य हाथ लगते उन्हें देख कर
हैरत से डूब जाता हूँ एक रहस्यमय चुप्पी में
जैसे समुद्रतल में निमग्न कृष्ण की द्वारिका।

समय की सत्ता न तो आत्यंतिक है
न प्रावेशिक : न संग्रही, न विग्रही :
शायद वह केवल वैचारिक है जिसकी
विराट निरावधि में
बल खाते असंख्य ब्रह्माण्डों को
केवल किसी अनुमान-दृष्टि से ही देखा जा सकता है!

एक मारक विषाणु की तरह
अपने ही शरीर के गढ़ में घुस कर
भारी मारकाट मचाती हुई विनाश-लीला
इतिहास नहीं, एक दुःस्वप्न है —

एक सुस्त अजगर की तरह खुद को ही
अपनी दुम की ओर से निगलने लगना
किसी भौगोलिक अ-घटना के कश में
खिंच कर समा जाना है
काल के खोखले विवर में पुनः
    एक ऐसी सृष्टि का जो अभी
    मुश्किल से शुरू ही हुई है।

हमारे बीच

चमकता सूरज
आईने में कोई दूसरा
आँखों में कोई दूसरा

कोई और कहता
मेरी बात औरों से

नाव की दिशा में बहती
पूरी-की-पूरी नदी

इतने सार्थक अन्तरों पर
धड़कता कि साफ़ पढ़ा जा सकता
एक दिल सभी में
कभी पत्थर में हमारा दिल
कभी हम पत्थर-दिल

ताज्जुब कि हम ही थे
उस वक़्त भी गवाह
जब कुछ ख़ास शब्द पैदा हुए थे
जैसे प्यार, और जिनकी शान के ख़िलाफ़
हम ही हैं आज भी घर घर में उनका ख़ून —
यूँ कि जब कहता कि सच कहता
वह झूठ लगता हमारे बीच
मतलब का रिश्ता तो है
मगर उन शब्दों के मतलब का नहीं
जो या तो बीत गया
या था ही नहीं-सा

सम्मेदीन की लड़ाई

ख़बर है
कि भ्रष्टाचार के विरूद्ध
बिल्कुल अकेला लड़ रहा है एक युद्ध
कुराहा गाँव का ख़ब्ती सम्मेदीन

बदमाशों का दुश्मन
जान गँवा बैठेगा एक दिन
इतनी अकड़ कर अपने को
समाजसेवी कहनेवाला सम्मेदीन

यह लड़ाई
ज़्यादा नहीं चलने की
क्योंकि उसके रहते
चोरों की दाल नहीं गलने की ···
एक छोटे-से चक्रव्यूह में घिरा है वह
और एक महाभारत में प्रतिक्षण
लोहूलुहान हो रहा है सम्मेदीन

भरपूर उजाले में रहे उसकी हिम्मत
दुनिया को ख़बर रहे
कि एक बहुत बड़े नैतिक साहस का
    नाम है सम्मेदीन

जल्दी ही वह मारा जायेगा।
सिर्फ़ उसका उजाला लड़ेगा

अन्धेरों के ख़िलाफ़ ··· ख़बर रहे
किस किस के ख़िलाफ़ लड़ते हुए
मारा गया निहत्था सम्मेदीन

बचाये रखना
उस उजाले को
जिसे अपने बाद
ज़िन्दा छोड़ जाने के लिए
जान पर खेल कर आज
एक लड़ाई लड़ रहा है
किसी गाँव का कोई ख़ब्ती सम्मेदीन

जंजीरा का क़िला

समुद्र से घिरा जंजीरा का क़िला :
सदियों से लहरों के थपेड़े खाती
बुर्ज़ों की ग़र्क़ाब बुनियादें
आज भी पुख़्ता हैं।

अबीसीनिया के ग़ुलाम-सौदागर
सुरुल ख़ां के महल —
दरकती दीवारों पर चढ़ती
जंगली पेड़-पौधों की ज़िद्दी जड़ें,
गरगजों पर पड़ी ज़ंग खाती तोपें,

याद आते
क़िले के आसपास लंगर डाले, या
अरब सागर पार करते
ग़ुलामों से लदे उसके जहाज़ ···

ग़रीब देशों से अमीर देशों को
निर्यात हो रहे सस्ते मज़दूर!

कभी कभी इतने क़रीब से
अपने को दुहराता है इतिहास
कि साफ़ सुनायी देती
सुनसान रातों में सागर-तट पर
दूर से आती
कभी सिक्कों तो कभी सिसकियों की आवाज़।

यह कैसी विवशता है ?

यह कैसी विवशता है—
किसी पर वार करो
वह हँसता रहता
या विवाद करता।

यह कैसी पराजय है—
कहीं घाव करें
  रक्त नहीं
  केवल मवाद बहता।

अजीब वक़्त है—
बिना लड़े ही एक देश-का-देश
स्वीकार करता चला जाता
अपनी ही तुच्छताओं की अधीनता!

कुछ तो फ़र्क़ बचता
धर्मयुद्ध और कीटयुद्ध में—
कोई तो हार जीत के नियमों में
स्वाभिमान के अर्थ को
फिर से ईजाद करता।

एक दूसरे से कट कर

घाट की सीढ़ियों पर
कटे पड़े एक लावारिस हाथ को
पुलिस ने हिरासत में ले लिया है।
तफ़्तीश जारी है · · ·
किसका हो सकता है वह हाथ ?
आदमी और हाथ
दोनों रहस्य बन गए हैं
एक दूसरे से कट कर!

खोज जारी है—घाट की सीढ़ियों से
शुरू करते ही
पाँव पड़ते एक अनाथ बच्चे पर।
मुँह अँधेरे भविष्य की 'राम, राम'।
कहीं वही तो नहीं साक्षी फिर
इस पाखण्डी दुनिया में जिसने कभी
एक खरा बयान दिया था
और अपने हाथ को क़लम किया था ?
जिसकी वल्दियत नामालूम · · ·
जिसकी जाति नामालूम · · ·
जिसका मज़हब नामालूम · · ·
जिसकी वसीयत सिर्फ़ इतनी
कि मेरा सब कुछ सब का है
जिसे सब मिलकर आपस में बाँट लें!

O O O   OOO   OOO

एक सरकारी विज्ञप्ति ···
जिसका हो यह हाथ
थाने आये
सबूत देकर उसे ले जाये :
हाथ अभी ज़िन्दा है, जल्दी करो, मर न जाये,
कोई उसे अपना कह कर अपनाये
तो शायद उसमें जान पड़ जाये।

कैसा अजीब वक़्त है
कि कोई भी निहत्था आगे नहीं बढ़ता!
कोई बयान, कोई सबूत देते डरता
कि कौन फँसाये अपनी गर्दन
अपने हाथ भर हाथ के लिए!

अटकल जारी है—कि शायद वह
एक हाथ गँवाकर भी ख़ुश है।
अपनी ख़ैरियत मानता है यही मानने में
कि दो से एक भला। एक से अधिक हो जाय तो
शायद उसे दिक़्क़त हो इतने अधिक को संभालने में :
अच्छा है एक हाथ के मामले में
दूसरे को न डालना ही!'

000 000 000

हाथ को वैज्ञानिक जाँच के लिए भेजा गया। लेकिन
वैज्ञानिक रपट ने रहस्य को
और भी गाढ़ा कर दिया था।—
अँगूठे ने दस्तख़त देने से इन्कार कर दिया।
एक उँगली मुँहबन्द चुप्पी हो गई। बाक़ी तीन
संज्ञाहीन। हथेली इतनी ठण्डी
कि किसी भी उपाय से गरम न हुई।
नब्ज़ बन्द थी लेकिन क़लाई-घड़ी चलती रही ···
बाक़ी यह कि हाथ

किसी ज़ीरो-ग्रुप वाले आदमी का था
और एक पैने हथियार से कटा ···

000 000 000

अब ख़बर है
कि पुलिस की हिरासत से वह हाथ भी फरार है।
अब वह किसी व्यक्ति का हिस्सा नहीं
हथियारों के साथ है।
सब परेशान हैं कि भयानक-से-भयानक घटनाएँ हो जातीं
और पता तक नहीं चलता कि उनके पीछे
किसका—या किस-किस का—हाथ है!

कोई आदमी मामूली नहीं होता

अकसर मेरा सामना हो जाता
इस आम सचाई से

कि कोई आदमी मामूली नहीं होता
कि कोई आदमी ग़ैरमामूली नहीं होता

आम तौर पर
आम आदमी
   ग़ैर होता है
इसीलिए हमारे लिए जो
   ग़ैर नहीं
वह हमारे लिए
मामूली भी नहीं होता

मामूली न होने की कोशिश
दरअसल किसी के प्रति भी
   ग़ैर न होने की कोशिश है

शब्दों की तरफ़ से

कभी कभी शब्दों की तरफ़ से भी
दुनिया को देखता हूँ।

किसी भी शब्द को
एक आतशी शीशे की तरह
जब भी घुमाता हूँ आदमी, चीज़ों या सितारों की ओर
मुझे उसके पीछे
एक अर्थ दिखाई देता
जो उस शब्द से कहीं बड़ा होता है

ऐसे तमाम अर्थों को जब
आपस में इस तरह जोड़ना चाहता हूँ
कि उनके योग से जो भाषा बने
उसमें द्विविधाओं और द्वाभाओं के
सन्देहात्मक क्षितिज न हों, तब—

सरल और स्पष्ट
(कुटिल और क्लिष्ट की विभाषाओं में टूट कर)
अकसर इतनी द्रुतगति से अपने रास्तों को बदलते
कि वहाँ विभाजित स्वार्थों के जाल बिछे दिखते
जहाँ अर्थपूर्ण सन्धियों को होना चाहिए।

एक यात्रा के दौरान

(1)

सफ़र से पहले अकसर
रेल-सी लम्बी एक सरसराहट
मेरी रीढ़ पर रेंग जाया करती है।

याद आने लगते कुछ बढ़ते फ़ासले —
  जैसे जनता और सरकार के बीच,
  जैसे उसूलों और व्यवहार के बीच,
  जैसे सम्पत्ति और विपत्ति के बीच,
  जैसे गति और प्रगति के बीच

घेरने लगतीं कुछ असह्य नज़दीकियाँ —

  जैसे दृढ़ता और विचलन के बीच,
  जैसे तेज़ी और फिसलन के बीच,
  ज़ैसे सफ़ाई और गन्दगी के बीच,
  जैसे मौत और ज़िन्दगी के बीच।

याद आते छोटे-छोटे स्टेशनों पर फैले

बीमार रोशनी के मैले मरियल उजाले,
गाड़ी छूटने का बौखलाहट-भरा वक़्त,
आरक्षण-चार्ट की अन्तिम कार्बन-कापी,
याद आती ट्रेन के इस छोर से उस छोर तक
बदहवास दौड़ती जनता अपने बीवी, बच्चों,
सामान, कुली और जेब को एक साथ संभाले ···

(2)

सुबह चार बजे मुझे एक ट्रेन पकड़ना है।
मुझे एक यात्रा पर जाना है।
मुझे काम पर जाना है।

मुझे कहाँ जाना है
दशरथ की पत्नियों के प्रपंच से बच कर ?
मुझे तरह तरह के कामों के पीछे
कहाँ कहाँ जाना है ?
कहाँ नहीं जाना है ?

(3)

एक गहरे विवाद में
फँस गया है मेरा कर्तव्य-बोध :

ट्रेन ही नहीं एक रॉकेट भी
पकड़ना है मुझे अन्तरिक्ष के लिए
ताकि एक डब्बे में ठसाठस भरा
मेरा ग़रीब देश भी
कह सके सगर्व कि देखो

हम एक साधारण आदमी भी
पहुँचा दिए गए चाँद पर!

पृथ्वी के आकर्षण के विरुद्ध
आकाश की ओर ले जानेवाले ज्ञान के
हम आदिम आचार्य हैं।
न जाने कितनी बार उतरे हैं
हमारी पवित्र धरती पर
आमंत्रित देवताओं के विमान :

न जाने कितनी बार हमने
स्थापित किए हैं गगनचुम्बी ऊँचाइयों के कीर्तिमान!

पर आज
गृहदशा और ग्रहदशा दोनों
कुछ ऐसे प्रतिकूल
कि सातों दिन दिशाशूल :
करते प्रस्थान
रख कर हथेली पर जान :
चलते ज़मीन पर देखते आसमान,
काल-तत्व खींचातान : एक आँख
हाथ की घड़ी पर
दूसरी आँख संकट की घड़ी पर।
न पकड़ से छूटता पुराना सामान,
न पकड़ में आता छूटता वर्तमान।

(4)

··· घटनाचक्र की तरह घूमते पहिये :
वह भी एक नाटकीय प्रवेश होता है
चलती ट्रेन पकड़ते वक़्त, जब एक पाँव

छूटती ट्रेन पर और दूसरा
छूटते प्लेटफ़ार्म पर होता है :
सरकते साँप-सी एक गति
दो क़दमों के बीच की फिसलती जगह में,
जब मौत को एक ही झटके में लाँघ कर
हम डब्बे में निरापद हो जाना चाहते हैं :

वह एक नया शुभारम्भ होता है किसी यात्रा का
भागती ट्रेन में दोनों पांव जब
एक ही समय में एक ही जगह होते हैं,
जब कोई ख़तरा नहीं नज़र आता
दो गतियों के बीच एक तीसरी संभावना का।
भविष्य के प्रति आश्वस्त
एक बार फिर जब हम
दुश्चिन्तामुक्त समय में — स्थिर चित्त —
केवल जेब में रखे टिकट को सोचते हैं,
उसके या अपने कहीं गिर जाने को नहीं।

(5)

कभी कभी दूसरों का साथ होना मात्र
हमें कृतज्ञ करता
दूसरों के साथ होने मात्र के प्रति,
किसी का सीट बराबर जगह दे देना भी
हमें विश्वास दिलाता कि दुनिया बहुत बड़ी है,
जब अटैची पर एक हल्की-सी पकड़ भी
ज़िन्दगी पर पकड़ मालूम होती है,
और दूसरों के लिए चिन्ता
अपने लिए चिन्ताओं से मुक्ति ···

(6)

कुछ आवाज़ें।
कोई किसी को लेने आया है।

कुछ और आवाज़ें।
कोई किसी को छोड़ने आया है।
किसी का कुछ छूट गया है।
छूटते स्टेशन पर
छूटे वक़्त की हड़बड़ी में।

अब एक बज रहा स्टेशन की घड़ी में।

(7)

क्यों किसी की सन्दूक का कोना
अचानक मेरी पिण्डली में गड़ने लगा ?
क्यों मेरे सिर के ठीक ऊपर टिका
गिरने-गिरने को वह बिस्तर अखरने लगा ?
कौन हैं वे ?
क्यों मेरी चिन्ताओं का एक कोना
उनसे भरने लगा ?—

मेरी एक ओर बैठा वह
विक्षिप्त-सा युवक,
मेरी दूसरी ओर वह चिन्तित स्त्री,
अपने बच्चे को छाती से चिपकाये
दोनों के बीच मैं कौन हूँ—
केवल एक आरक्षित जगह का दावेदार ?
वह स्त्री और वह बच्चा

क्यों नहीं दो मनुष्यों के बीच
एक पूर्णतः सुरक्षित संसार ?

क्यों यह निरन्तर आने जाने का क्रम
अनाश्वस्त करता
और उस पूरी व्यवस्था को ध्वस्त
जिसे हम किसी तरह
दो स्टेशनों के बीच मान लेते हैं ?
जो अनायास मिलता और छूट जाता
क्यों ऐसा
मानो कुछ बनता और टूट जाता ?

(8)

शायद मैं ऊँघ कर
लुढ़क गया था एक स्वप्न में—

एक प्राचीन शिलालेख के अधमिटे अक्षर
पढ़ते हुए चकित हूँ कि इतना सब समय
कैसे समा गया दो ही तारीख़ों के बीच!
कैसे अट गया एक ही पट पर
एक जन्म
एक विवरण
एक मृत्यु
और वह एक उपदेश-से दिखते
अमूर्त अछोर आकाश का अटूट विस्तार
जिसमें न कहीं किसी तरफ़
ले जाते रास्ते
न कहीं किसी तरफ़ बुलाते संकेत,

केवल एक अदृश्य हाथ
अपने ही लिखे को कभी कहता स्वप्न
कभी कहता संसार ···

अचानक वह ट्रेन जिसमें रखा हुआ था मैं
एक खिलौने की तरह छोटी हो गई,
और एक बच्चे की हथेलियाँ इतनी बड़ी
कि उस पर रेल-रेल खेलने लगे फ़ासले
बना कर छोटे बड़े घर, पहाड़, मैदान, नदी, नाले ···
उसकी क़लाई में बंधी पृथ्वी
अकस्मात् बज उठी जैसे घुँघरू

रेल की सीटी ···

(9)

शायद उसी वक़्त मैंने
गिरते देखा था ट्रेन से दो पांवों को
और चौंक कर उठ बैठा था।
पैताने दो पांव —
क्यों हैं यहां ? क्या करूं इनका ?

सोचा रात है अभी,
सुबह उतार लूँगा इन्हें
अपने सामान के साथ !
सुबह हुई तो देखा
कन्धों पर ढो रहे थे मुझे
किसी और के पाँव।

हफ़्ते ··· महीने ··· साल ···

बीत गए पल भर में,
"पिता ? तुम ? यहां ?"

"मुझे चाहिए मेरे पाँव, ··· वापस करो उन्हें !"

"नहीं, वे मेरे हैं : मैं
उन पर आश्रित हूँ-
और मेरा परिवार :
मैं उन्हें नहीं दे सकता तुम्हें !"

वे हँसने लगे, एक बेजान असंगत हँसी।
कभी कभी किसी विषम घड़ी में हम
जी डालते हैं एक पूरा जीवन—एक पूरी मृत्यु—
एक पूरा सन्देह कि कौन चल रहा है
किसके पाँवों पर ?

(10)

नींद खुल गई थी
शायद किसी बच्चे के रोने से
या किसी माँ के परेशान होने से
या किसी के अपनी जगह से उठने से
या ट्रेन की गति के धीमी पड़ने से
या शायद उस हड़कम्प से जो
स्टेशन पास आने पर मचता है ···

बाहर अँधेरा।
भीतर इतना सब
एक मामूली-सी रोशनी में भी जगमग
जागता और जगाता हुआ।

एक छोटा-सा प्लेटफ़ॉर्म सरक कर पास आता
सुबह की रोशनी में,
डब्बे में चढ़ते उतरते लोगों का ताँता

कोई जगह ख़ाली करता
कोई जगह बनाता।

(11)

बाहर किसी घसीट लिखावट में
लिखे गए परिचित यात्रा-वृत्तान्त के
फरफराते दृश्यों को बिना पढ़े
पन्नों पर पन्ने उलटती चली जाती रफ़्तार :
विवरण कहीं कहीं रोचक
प्लॉट अव्यवस्थित, उथले विचार, उबाऊ विस्तार!

भीतर एक डब्बे में खचाखच भरा
एक टुकड़ा भारतीय समाज
मानो कहानियों, फ़िल्मों, कॉमिक्स, अख़बार आदि से
लेकर बनाये गये चरित्रों का कोलाज।

(12)

यहाँ और वहाँ के बीच
कहीं किसी उजाड़ जगह
अनिश्चित काल के लिए
खड़ी हो गई है ट्रेन।
दूर तक फैली ऊबड़खाबड़ पहाड़ियाँ,
जगह जगह टेसू और बबूल की झाड़ियाँ,
काँस और जँगली घास के झाड़झंखाड़,
जहाँ तहाँ बरसाती पानी के तलाब ···

वह सब जो चल रहा था
अचानक अकारण असमय कहीं रुक गया है
आशंका और उतावली के किसी असह्य बिन्दु पर।

कुछ हुआ है जो नहीं होना चाहिए था
जो अकसर होता रहता है जीवन में।
कौन थे वे जो होकर भी नहीं होते ?
ऐसा क्यों हुआ ? वैसा क्यों नहीं हुआ
जैसा होना चाहिए था ? ···
सवालों के एक उफ़ान के बाद
अलग अलग अनुमानों में निथर कर
बैठ गई हैं उत्सुकताएँ।

फिर चल पड़ती है ट्रेन एक धक्के से
घसीटती हुई अपने साथ
उस शेष को भी जो घटित होगा
कुछ समय बाद
कहीं और
किसी अन्य यहाँ और वहाँ के बीच।

(13)

धीमी पड़ती चाल।
अगले ठहराव पर
उतर जाना है मुझे।
एक सिहरन-सी दौड़ जाती नसों में।

पहली बार वहाँ जा रहा हूँ।
हो सकता है कोई लेने आये, या कोई नहीं;
केवल एक सपाट प्लेटफ़ॉर्म मिले,
बर्फ़ीली ठंढक, अँधेरे और अनिश्चय का

घना कोहरा : इतनी रात गये
एक बिल्कुल नयी जगह से नयी तरह
संबंध बनाता हुआ एक अजनबी।

एक ख़ामोश-सी तैयारी है मेरे आसपास
        जैसे यह मेरा घर था
और अब मैं उसे छोड़कर कहीं और जा रहा हूँ।

(14)

कुछ लोग मुझे लेने आये हैं।
मैं उन्हें नहीं जानता :
जैसे कुछ लोग मुझे छोड़ने आये थे
जिन्हें मैं जानता था।

ट्रेन जा चुकी है
एक अस्थायी भागदौड़ और अव्यवस्था बाद
प्लेटफ़ॉर्म फिर एक सन्नाटे में जम गया है।

(15)

आश्चर्य! वह स्त्री और बच्चा भी
अकेले खड़े हैं उधर।

क्या मैं कुछ कर सकता हूँ उनके लिए ?
स्त्री मुझे निरीह आँखों से देखती है —
    "वो आते होंगे, मेरे लिए भी ···"

कुछ दूर चल कर
ठहर गया हूं—
उसके लिए ?
या अपने लिए ?

देखता हूं उसकी आंखों में
जो घिर आई थी एक दुश्चिन्ता-सी
एक सरल कृतज्ञता में बदल जाती।

गले तक धरती में

गले तक धरती में गड़े हुए भी
सोच रहा हूँ
कि बँधे हों हाथ और पाँव
तो आकाश हो जाती है उड़ने की ताक़त

जितना बचा हूँ
उससे भी बचाये रख सकता हूँ यह अभिमान
कि अगर नाक हूँ
तो वहाँ तक हूँ जहाँ तक हवा
मिट्टी की महक को
हलकोर कर बाँधती
फूलों की सूक्तियों में
और फिर खोल देती
सुगन्धि के न जाने कितने अर्थों को
हज़ारों मुक्तियों में

कि अगर कान हूँ
तो एक धारावाहिक कथानक की
सूक्ष्मतम प्रतिध्वनियों में
सुन सकने का वह पूरा सन्दर्भ हूँ
जिसमें अनेक प्रार्थनाएँ और संगीत
चीखें और हाहाकार
आश्रित हैं एक केन्द्रीय ग्राह्यता पर

अगर ज़बान हूँ
तो दे सकता हूँ ज़बान
ज़बान के लिए तरसती ख़ामोशियों को—
शब्द रख सकता हूँ वहाँ
जहाँ केवल निःशब्द बेचैनी है

अगर ओंठ हूँ
तो रख सकता हूँ मुर्झाते ओंठों पर भी
क्रूरताओं को लज्जित करती
एक बच्चे की विश्वासी हँसी का बयान

अगर आँखें हूँ
तो तिल-भर जगह में भी
वह सम्पूर्ण विस्तार हूँ
जिसमें जगमगा सकती हैं असंख्य सृष्टियाँ ···

गले तक धरती में गड़े हुए भी
जितनी देर बचा रह पाता है सिर
उतने समय को ही अगर
दे सकूँ एक वैकल्पिक शरीर
तो दुनिया से करोड़ों गुना बड़ा हो सकता है
एक आदमक़द विचार।

भाषा की ध्वस्त पारिस्थितिकी में

प्लास्टिक के पेड़
नाइलॉन के फूल
रबर की चिड़ियाँ

टेप पर भूले बिसरे
लोकगीतों की
उदास लड़ियाँ ···

एक पेड़ जब सूखता
सब से पहले सूखते
उसके सब से कोमल हिस्से —
उसके फूल
उसकी पत्तियाँ।

एक भाषा जब सूखती
शब्द खोने लगते अपना कवित्व
भावों की ताज़गी
विचारों की सत्यता —
बढ़ने लगते लोगों के बीच
अपरिचय के उजाड़ और खाइयाँ ···

सोच में हूँ कि सोच के प्रकरण में
किस तरह कुछ कहा जाय
कि सब का ध्यान उनकी ओर हो
जिनका ध्यान सब की ओर है —

कि भाषा की ध्वस्त पारिस्थितिकी में
आग यदि लगी तो पहले वहाँ लगेगी
जहाँ ठूँठ हो चुकी होंगी
अपनी ज़मीन से रस खींच सकनेवाली शक्तियाँ।

बात सीधी थी पर

बात सीधी थी पर एक बार
भाषा के चक्कर में
ज़रा टेढ़ी फँस गई।

उसे पाने की कोशिश में
भाषा को उलटा पलटा
तोड़ा मरोड़ा
घुमाया फिराया
कि बात या तो बने
या फिर भाषा से बाहर आये —
लेकिन इससे भाषा के साथ साथ
बात और भी पेचीदा होती चली गई।

सारी मुश्किल को धैर्य से समझे बिना
मैं पेंच को खोलने के बजाय
उसे बेतरह कसता चला जा रहा था
क्यों कि इस करतब पर मुझे
साफ़ सुनायी दे रही थी
तमाशबीनों की शाबाशी और वाह वाह।

आख़िरकार वही हुआ जिसका मुझे डर था —
ज़ोर ज़बरदस्ती से
बात की चूड़ी मर गई
और वह भाषा में बेकार घूमने लगी!

हार कर मैंने उसे कील की तरह
उसी जगह ठोंक दिया।
ऊपर से ठीकठाक
पर अन्दर से
न तो उसमें कसाव था
न ताक़त!

बात ने, जो एक शरारती बच्चे की तरह
मुझसे खेल रही थी,
मुझे पसीना पोंछते देख कर पूछा—
"क्या तुमने भाषा को
सहूलियत से बरतना कभी नहीं सीखा?"

घबरा कर

वह किसी उम्मीद से मेरी ओर मुड़ा था
लेकिन घबरा कर वह नहीं मैं उस पर भूँक पड़ा था!

ज़्यादातर कुत्ते
पागल नहीं होते
न ज़्यादातर जानवर
हमलावर
ज़्यादातर आदमी
डाकू नहीं होते
न ज़्यादातर जेबों में चाकू

ख़तरनाक तो दो चार ही होते लाखों में
लेकिन उनका आतंक चौंकता रहता हमारी आँखों में।

मैंने जिसे पागल समझ कर
दुतकार दिया था
वह मेरे बच्चे को ढूँढ रहा था
जिसने उसे प्यार दिया था।

आँकड़ों की बीमारी

एक बार मुझे आँकड़ों की उल्टियाँ होने लगीं
गिनते गिनते जब संख्या
करोड़ों को पार करने लगी
मैं बेहोश हो गया

होश आया तो मैं अस्पताल में था
खून चढ़ाया जा रहा था
ऑक्सीजन दी जा रही थी
कि मैं चिल्लाया
डाक्टर मुझे बुरी तरह हँसी आ रही
यह हँसानेवाली गैस है शायद
प्राण बचानेवाली नहीं
तुम मुझे हँसने पर मजबूर नहीं कर सकते
इस देश में हर एक को अफ़सोस के साथ जीने का
पैदाइशी हक़ है वरना
कोई माने नहीं रखते हमारी आज़ादी और प्रजातंत्र

बोलिए नहीं—नर्स ने कहा—बेहद कमज़ोर हैं आप
बड़ी मुश्किल से क़ाबू में आया है रक्तचाप

डाक्टर ने समझाया —आँकड़ों का वाइरस
बुरी तरह फैल रहा आजकल
सीधे दिमाग़ पर असर करता
भाग्यवान हैं आप कि बच गए
कुछ भी हो सकता था आपको —

सन्निपात कि आप बोलते ही चले जाते
या पक्षाघात कि हमेशा के लिए बन्द हो जाता
आपका बोलनां
मस्तिष्क की कोई भी नस फट सकती थी
इतनी बड़ी संख्या के दबाव से
हम सब एक नाजुक दौर से गुज़र रहे
तादाद के मामले में उत्तेजना घातक हो सकती है
आँकड़ों पर कोई दवा काम नहीं करती
शान्ति से काम लें
अगर बच गए आप तो करोड़ों में एक होंगे ···

अचानक मुझे लगा
ख़तरों से सावधान कराते किसी संकेत-चिह्न में
बदल गई थी डाक्टर की सूरत
और मैं आँकड़ों का काटा
चीख़ता चला जा रहा था
कि हम आँकड़े नहीं आदमी हैं

किसी पवित्र इच्छा की घड़ी में

व्यक्ति को
विकार की ही तरह पढ़ना
जीवन का अशुद्ध पाठ है।

वह एक नाज़ुक स्पन्द है
समाज की नसों में बन्द
जिसे हम किसी अच्छे विचार
या पवित्र इच्छा की घड़ी में भी
पढ़ सकते हैं।

समाज के लक्षणों को
पहचानने की एक लय
व्यक्ति भी है,
अवमूल्यित नहीं
पूरी तरह सम्मानित
उसकी स्वयंता
अपने मनुष्य होने के सौभाग्य को
ईश्वर तक प्रमाणित करती हुई!

दूसरी तरफ़ उसकी उपस्थिति

वहाँ वह भी था
जैसे किसी सच्चे और सुहृद
शब्द की हिम्मतों में बँधी हुई
एक ढीठ कोशिश ...

जब भी परिचित संदर्भों से कट कर
वह अलग जा पड़ता तब वही नहीं
वह सब भी सूना हो जाता
जिनमें वह नहीं होता।

उसकी अनुपस्थिति से
कहीं कोई फ़र्क़ न पड़ता किसी भी माने में,
लेकिन किसी तरफ़ उसकी उपस्थिति मात्र से
एक संतुलन बन जाता उधर
जिधर पंक्तियाँ होतीं, चाहे वह नहीं।

उनके पश्चात्

कुछ घटता चला जाता है मुझमें
उनके न रहने से जो थे मेरे साथ।

मैं क्या कह सकता हूँ उनके बारे में, अब
कुछ भी कहना एक धीमी मौत सहना है।

हे दयालु अकस्मात्
ये मेरे दिन हैं ?
    या उनकी रात ?

मैं हूँ कि मेरी जगह कोई और
कर रहा उनके किये धरे पर ग़ौर ?
मैं और मेरी दुनिया, जैसे
कुछ बचा रह गया हो उनका ही
    उनके पश्चात्

ऐसा क्या हो सकता है
    उनका कृतित्व —
    उनका अमरत्व —
    उनका मनुष्यत्व —
ऐसा कुछ सान्त्वनीय ऐसा कुछ अर्थवान
जो न हो केवल एक देह का अवसान ?

ऐसा क्या कहा जा सकता है
किसी के बारे में
जिसमें न हो उसके न-होने की याद ?

सौ साल बाद
परस्पर सहयोग से प्रकाशित एक स्मारिका,
पारंपरिक सौजन्य से आयोजित एक शोकसभा :

किसी पुस्तक की पीठ पर
एक विवर्ण मुखाकृति
विज्ञापित
एक अविश्वसनीय मुस्कान !

यक़ीनों की जल्दबाज़ी से

एक बार ख़बर उड़ी
कि कविता अब कविता नहीं रही
और यूँ फैली
    कि कविता अब नहीं रही!

यक़ीन करनेवालों ने यक़ीन कर लिया
    कि कविता मर गई,
लेकिन शक़ करने वालों ने शक़ किया
    कि ऐसा हो ही नहीं सकता
और इस तरह बच गई कविता की जान

ऐसा पहली बार नहीं हुआ
कि यक़ीनों की जल्दबाज़ी से
महज़ एक शक़ ने बचा लिया हो
किसी बेगुनाह को।

कविता

कविता वक्तव्य नहीं गवाह है
कभी हमारे सामने
कभी हमसे पहले
कभी हमारे बाद

कोई चाहे भी तो रोक नहीं सकता
भाषा में उसका बयान
जिसका पूरा मतलब है सचाई
जिसकी पूरी कोशिश है बेहतर इन्सान

उसे कोई हड़बड़ी नहीं
कि वह इश्तहारों की तरह चिपके
जुलूसों की तरह निकले
नारों की तरह लगे
और चुनावों की तरह जीते

वह आदमी की भाषा में
कहीं किसी तरह ज़िन्दा रहे, बस

कविता की ज़रूरत

बहुत कुछ दे सकती है कविता
क्यों कि बहुत कुछ हो सकती है कविता
ज़िन्दगी में
अगर हम जगह दें उसे
जैसे फूलों को जगह देते हैं पेड़
जैसे तारों को जगह देती है रात

हम बचाये रख सकते हैं उसके लिए
अपने अन्दर कहीं
ऐसा एक कोना
जहाँ ज़मीन और आसमान
जहाँ आदमी और भगवान के बीच दूरी
कम से कम हो।

वैसे कोई चाहे तो जी सकता है
एक नितान्त कवितारहित ज़िन्दगी
कर सकता है
कवितारहित प्रेम

नालन्दा और बख़्तियार

वह बौना था मगर बाहें इतनी लम्बी
कि घुटनों के नीचे तक पहुँचते थे उसके हाथ
हौसले इतने उक़ाबी कि एक ही झपट्टे में
बिहार, बंगाल, तिब्बत को हड़प गया एक साथ

हैरत से देखता रह गया था ख़लज़ी दरबार—
एक पागल हाथी को गदा से जख़्मी कर
क़ाबू में कर लेनेवाला दुस्साहसी बख़्तियार
ललचायी नज़रें डाल रहा था हिन्दुस्तान पर ···

हत्याओं, लूटपाट और आगज़नी के इतिहास में
नालन्दा, एक जलता हुआ पन्ना, यूँ भी मिला—
"सोना चाहिए था, बिरहमन, सोना : ये क़िताबें नहीं
अफ़सोस, यह तो 'मदरसा' निकला, हम समझे 'क़िला'!"

लड़ाई से मुँह फेरकर भाग गए थे कुछ विचारक
घने जंगलों की ओर—केवल कुछ ग्रंथ बचा कर;
वे आज भी भाग रहे उसी तरह, 'मदरसे' और 'क़िले' में
फर्क न कर सकनेवाले विजेताओं से घबरा कर! ···

o o o   ooo   ooo

हिमालय को जीत कर 'अकेला' लौटा है बख़्तियार
लखनौती के बज़ारों में स्वागत करतीं छाती पीट पीटकर बेवाएं!
आत्मग्लानि की अँधेरी कोठरी में बन्द, शर्म से
दम तोड़तीं एक विजेता की महत्वाकांक्षाएँ ···

गोलकुण्डा की एक शाम

··· और ये बन्दोबस्त
ये नज़रिये
कहाँ-कहाँ से इकट्ठे हुए हौसले
कहाँ-कहाँ से इकट्ठे हुए शाही हुजूम
इन चढ़ाइयों
इन ढलानों पर
थरथराते घुटनों पर खड़ी ईमारतें लुढ़कने-लुढ़कने को
बिना छत के कमरों दालानों में
मुश्किल से फ़र्क़ कर पातीं दीवारें
बहुत लम्बी बहुत मज़बूत चट्टानों में
उक़ाबी जांबाज़ों के उजाड़ घोसले
और वो दिलेर उड़ानें ···

इन बेतरतीब पंक्तियों को
किस तरकीब से सजायें कि 'शाबाश' गूंजे
पताकाओं की तरह लहराते शब्दों में —
कम वीरान लगें
वीराने ?

(2)

थककर बैठ गया हूँ जिस जगह
ठीक इसी जगह एक शाही क़ैदी ने फ़ैसला किया था
कि क़ायम रहेंगी पत्थरों पर खरोंची हुई ये नक़्क़ाशियां

मेरी बेगुनाही का सबूत ये प्रार्थनाएँ ···
मैं फिर आऊँगा फैसला सुनने इन अर्ज़ियों पर।

यहीं कहीं अगर खोदा जाय
तो मिल सकती है किसी तावीज़ पर खुदी हुई एक तारीख़
जब पैदा हुआ होगा एक ख़ुशनसीब बादशाह
जब बड़ा हुआ होगा अपने साम्राज्य से भी बड़ा एक बादशाह
जब दुनिया को जीतने निकला होगा एक बादशाह
जब अपने और अपनों से हार गया होगा एक बादशाह ···
जब घिरते हुए अँधेरों के ख़िलाफ़
एक ख़ुद्दार क़ुत्बशाही ने सिर उठाये रखा,
जब विश्वासघात के मलबे में डूबा एक पूरा साम्राज्य
मोतियों की एक शाही माला की तरह उठाकर
अबुलहसन ने डाल दिया होगा आज़मशाह के गले में ···
जब इस शाही लाशघर से नहा धोकर
आख़िरी बार निकला होगा एक शाही जनाज़ा ···

(3)

मुझे सोने दो अभी नज़दीक की आवाज़ो,
मुझमें शोर करो अभी दूर की ख़ामोशियो,
कोई साँस ले रहा है अभी मेरे फेफड़ों में।
इन बन्दूकों कटारों पर कसी हुई मुट्ठियाँ,
ये कमरबन्द : कोने खदरों में चमगादड़ों की तरह लटके साये :
क़िलों की दीवारों पर गोह की तरह चढ़ती फफूँद :
साजिश के चेहरों से नक़ाब उतारते ख़ूनी हाथ :
मौत की रहमदिल घाटी में उतरती एक ठण्डी शाम।

(4)

"अँधेरा होने से पहले ही घर लौटना है,"
वह बेहतर जानता है सैलानियों की ज़रूरतों को

जो टैक्सी चलाता,
जो रोज़ उन्हें खण्डहर दिखाकर घर पहुँचाता,
जिसकी कोई वाबस्तगी नहीं
पर्यटकों या खण्डहरों से : उसके लिए वक़्त
वह वक़्त है जो मीटर की रफ़्तार से
नग़द गुज़र रहा।

टैक्सी ड्राइवर रहमतअलीशाह
या गाइड मत्सराज के पूर्वजों के युद्धों से
कहीं ज़्यादा कठिन है
वर्तमान से उन दोनों की लड़ाई,
उससे पराजित न होने के उनके मन्सूबे ···

बारूद में आग लगाने के इतिहासों से अलग
एक तीसरा इतिहास भी है
रहमतशाह की बीड़ियों और
मत्सराज की माचिस के बीच सुलहों का।

विजयनगर

ऐतिहासिक भर होते हैं नगर
प्रागैतिहासिक होता है वन
नगर वह नागरिक प्रस्तावना
सभ्यताएँ जिसकी विजयों के क्षण

प्रत्येक उद्यान के नीचे दबा होता
एक पराजित जंगल का मन
कभी कभी वहीं से शुरू होती
एक नयी सभ्यता की व्याकरण।

एक बीज आक्रमण करता। सब से पहले
दिखाई देती उसकी बर्बर जीवन-शक्ति,
फिर एक ज़्यादा बड़े फ़लक पर
उसकी विजयों की सूक्ष्मतर अभिव्यक्ति।

यह हक्का बक्का नगर अब नगर नहीं
अपना ही अमूर्त अस्थि-पंजर है
यहीं कहीं वेदाचार्य सायण का घर भी था
जहाँ अब जलकुम्भी से ढँका हुआ सरोवर है।

कभी कभी यों भी पनपती है हरियाली
कि भीतर ही भीतर सूख जाते तलाब,
ऊपर की जिल्द तो हरी भरी लगती है
दीमकें चाट जाती हैं अन्दर की किताब।

टूटे हुए ख़ंजर की मूठ

किसी टूटे हुए ख़ंजर की मूठ हाथों में लिए
सोच रहा हूँ—
ख़ंजरों के बारे में
उन्हें चलानेवाले हाथों के बारे में
क़ातिलों और हमलों के बारे में
हज़ारों वर्षों के बारे में

और एक पल में अचानक
किसी अन्धी गली में खो जानेवाली
चीख़ के बारे में ···

सफलता की कुंजी

दोनों के हाथों में भरी पिस्तौलें थीं
दोनों एक दूसरे से डरे हुए थे
दोनों के दिल एक दूसरे के लिए
पुरानी नफ़रतों से भरे हुए थे

उस वक़्त वहाँ वे दो ही थे
लेकिन जब गोलियाँ चलीं
मारा गया एक तीसरा जो वहाँ नहीं
चाय की दुकान पर था ···

पकड़ा गया एक चौथा
जो चाय की दुकान पर भी नहीं
अपने मकान पर था, उसकी गवाही पर
रगड़ा गया एक पाँचवाँ जिसे किसी छठे ने
फँसवा दिया था—सातवें की शिनाख़्त पर
मुक़द्दमा जिस आठवें पर चला, उसके फलस्वरूप
सज़ा नवें को हुई
और जो दसवाँ बिल्कुल साफ़ छूट कर
एक ग्यारहवें के सामने गिड़गिड़ाने लगा वह
उसकी मार्फ़त
एक नयी सफलता तक पहुँचने की कुंजी को
उँगलियों पर नचाने लगा ···

असल बात

बेचैन सोये
शिष्टता से ढँके
मीआदी ज़रूरतों की हवस को

या जागे हैं तो किस लिए ?

इतनी बड़ी दुनिया थी
छोटी पड़ गई
जब भी ज़रा भी फैलना चाहा
बनी बनायी सीमाओं से ज़्यादा।

तमाम लट्ठमार तजुर्बों से घबड़ा कर
सिकोड़ लिया अपने को
अपने ही इतिमिनान की सख़्त पीठ के नीचे
कछुए की गर्दन की तरह,
या फिर हड़बड़ा कर भागा
किसी गहराई की तरफ़
जो समझ की पकड़ में आ सकी।

बहसों और क़हक़हों के बीच
अलग बैठे एक ख़ास अन्दाज़ से
देखा तो फ़ुज़ूल था क़ाबू इस दुनिया पर;
इससे अच्छा, थोड़ी सी हैरत के साथ,
उठ चलो, "वह कौन जगह थी ? किस
तारीख़ से किस तारीख़ तक ···?"

असल बात तो वह थी
जो हुई नहीं।

लचर बातों की गवाही में, सिफ़ारिश में,
हिफ़ाज़त में फँसे रहे आजीवन।
कैसी छूट उन दिमाग़ों से जो क़ैद हैं
अपने धर्मों में, शहरों में, धन्धों में · · ·
जिनके बाहर भीतर
कोई कहीं नहीं आ जा सकता।

आख़िरी बार फिर पूछता हूँ—असल बात
क्या थी जिसके लिए
इतनी बड़ी सज़ा काटी ?

वही चुप्पी ? · · · अच्छा, जाने भी दो · · ·
क्या रखा है असलियत में · · ·

एक मुदर्रिस के कुल जमा-ख़र्च-सी
हक़ीक़त का फ़ैसला
अन्तिम फ़ैसला है — बस इतने ही से
काम चलाओ,
जितनी चादर उतना ही पाँव फैलाओ।

माथे पर माथा रखे नहीं
हाथों पर माथा रखे गुज़ार दी जो मुश्किल
यक़ीन नहीं होता इतनी ही बड़ी चीज़ थी
ज़िन्दगी जो तमाम फिसड्डी हरकतों का
दस्तावेज़ होकर रह गई, जिसमें सिवाय
अपनी रोज़मर्रा हत्या के
दूसरा कोई गुनाह तक शामिल नहीं!

दिवंगत की आत्मा

किसी साधारण भरे सभागार में
एक दिवंगत साहित्यकार चर्चा का विषय था

विषय से हटकर सोचता था एक साहित्यकार
दिवंगत के अर्थों को

उपन्यास कहानी या नाटक की तरह
कविता की फ़िल्म नहीं बन सकती
ऐसा करते ही वह दिवंगत हो जाती है
वह होती है अपनी शर्तों पर या नहीं होती
वह अपने सिवाय और कुछ होने से इन्कार करती है
यह इन्कार उसकी सब से बड़ी ताक़त है
उसका कोई विकल्प नहीं
क्योंकि वह ज़िद्दी होती है

सभा समाप्त करते हुए अध्यक्ष ने कहा
ईश्वर दिवंगत की आत्मा को शान्ति दे

फिर दो मिनट का मौन
उस मौन में गहरी उतावली थी कि वह समाप्त हो।

इस तरह भरी सभा में / अकेले हो जाना
एक मौन के साथ / भयानक था
असंगत था दिवंगत का इस तरह अकेले में
हमारे साथ होना ··· कि अचानक

खलबली मची
और मौन दिवंगत हो गया
एक बिखरती सभा के उमड़ते कोलाहल में

बाहर खुली हवा में तैरते उसके चिथड़े थे
जिन्हें हम साँसों के थपेड़ों से उड़ा रहे थे।

"कितनी गर्मी है", किसी ने कहा
मूल विषय से ध्यान हटाते हुए ···
मूल विषयों से ध्यान हटाना
कितना ज़रूरी होता है कभी कभी
जब बहुत अँधेरा हो अन्दर या बाहर
जब हाथ को हाथ न सूझे
कितना ज़रूरी होता है ज्ञान मचाना
अपने चारों तरफ़ जमती हुई अँधेरे की पपड़ियों में

उस आदमी ने जिसको गर्मी लगी थी,
पसीना पोंछा, सिगरेट सुलगाई
और बिना नमस्कार किये अँधेरे में ओझल हो गया—
धुएँ का एक छल्ला पीछे छोड़ते हुए ···

एक ठोस उपस्थिति को इस तरह धुआँ होते देखना
अपनी उपस्थिति को ज़्यादा महीन होते देखना था,
मसलन मौसम की बात
किसी बौड़म की बात न थी
एक ऐसी हक़ीक़त थी जिसको सोचते ही
पसीना आता था।

बाल बाल बचा एक गुर्राते हुए टेम्पो की झपट से
उसकी खरोंच के निशान को
रूमाल से ढँकते हुए
एक भाग्यवादी की तरह भाग्य को सराहा

कि चाहे जितनी लापरवाही से चलो
कुछ न कुछ बच ही जाता है बाल बाल
काल की सम्पूर्ण चपेट में आ जाने से।

यही सोच कर मन को ढाढ़स बँधाया,
बचे हुए अपने को वापस सभागार तक लाया,
जहाँ लगातार होती रहनेवाली सभाओं की यादें
ऊँघ रही थीं—अपने को बैठाया ···

ताली बजाते ही हड़बड़ा कर उठ बैठी एक याद—
मुझे पहचाना,
हाथ जोड़ मिली और कुशल क्षेम पूछा
फिर आदर से अध्यक्ष की कुरसी पर बैठाया,
मैंने एक प्रस्ताव रखा,
उसने समर्थन किया,

और फिर हम दोनों सर्वसम्मति से
उसके पास किये जाने की प्रतीक्षा करने लगे ···

पहला सवाल

रात भर नारे लगते रहे कि आज़ादी मिले,
रात भर मशालें जलती रहीं कि भेड़िये भागें,
रात भर इश्तहार बँटते रहे कि सुबह क़रीब है,
रात भर जुलूस निकलते रहे कि लोग जागें।

सुबह
रात भर के जागे लोग थक कर
सड़कों फुटपाथों पर सोये पड़े थे।

कैसी विडम्बना है कि जब वे जागे
उन पर ग़लत जगह ग़लत वक़्त सोने का इल्ज़ाम लगाया गया
और जनता की सुविधा के लिए
सरकारी रास्तों को साफ़ कराया गया।
अब सोने और जागने का पूरा संदर्भ बदल चुका था —
दीवारें बदल चुकी थीं —
इश्तहार बदल चुके थे —

o o o   ooo   ooo

आज क्यों पहले से ज़्यादा और ज़रूरत से ज़्यादा लोग
सड़कों फुटपाथों पर हैं ?
अपने घर
अपने कन्धों पर :
बेकार सवालों से जूझती बेकारियाँ :
सार्वजनिक मामलों में हमारे आपसी सुलूक
एक हादसा है

जिनसे बच निकलने की तिकड़मों में
हम मुद्दत से एक हैं।
हर दस क़दम पर सामना है
किसी न किसी ऐसी परिस्थिति से
जो सिर्फ़ अपनी ही बोली बोलती है।

o o o ooo ooo

पहला सवाल पूछते ही कि 'क्यों हर उलटफेर के बाद
केवल इंतिज़ाम बदलते हैं, हम नहीं··?'
'यह विषयान्तर है!'—चिल्लाते हुए छात्र
बिना एक भी सवाल को ठीक से पढ़े
अपनी अपनी कक्षाओं से बाहर निकल आये।

एक बार लगा कि अब धमाका होगा
और सब कुछ बदल जायेगा ······
लेकिन तभी
भभकते गुस्सों और मँझोली औक़ात के
संगठन-कर्ताओं ने घोषित किया कि वे जो
हमारी तरफ़ थे
अब दूसरी तरफ़ हैं
अब दूसरी तरफ़ के इतिहासों के
सब से ऊंचे दरज़ों में दाखिला खोजते हुए···

महा भारत

धृतराष्ट्र अन्धे।
विदुर-नीति हुई फ़ेल।

धर्मराज धूर्तराज दोनों जुआड़ी :
पाँसे खनखनाते हुए
राजनीति में शकुनी का प्रवेश।

न धर्मक्षेत्रे न कुरुक्षेत्रे।
सीधे सीधे चुनाव क्षेत्रे —
जीत की प्रबल इच्छा से
इकट्ठा हुए महारथियों के
ढपोरशंखी नाद से
युद्ध का श्रीगणेश।

दलों के दलदल में जूझ रहे
आठ धर्म अट्ठारह भाषाएँ अट्ठाईस प्रदेश · · ·

एक ओर रथ पर
शान्त भाव से गीता पकड़े
श्रीकृष्ण,
दूसरी ओर एक हाथ से गाण्डीव
और दूसरे से अपना सिर पकड़े गुडाकेश,
देख रहे
भारत से महा भारत होता हुआ एक देश।

अयोध्या, 1992

हे राम,
जीवन एक कटु यथार्थ है
और तुम एक महाकाव्य!
　　तुम्हारे बस की नहीं
　　उस अविवेक पर विजय
　　जिसके दस बीस नहीं
　　अब लाखों सिर — लाखों हाथ हैं,
　　और विभीषण भी अब
　　न जाने किसके साथ है।

इससे बड़ा क्या हो सकता है
हमारा दुर्भाग्य
एक विवादित स्थल में सिमट कर
रह गया तुम्हारा साम्राज्य

अयोध्या इस समय तुम्हारी अयोध्या नहीं
योद्धाओं की लंका है,
'मानस' तुम्हारा 'चरित' नहीं
चुनाव का डंका है!

हे राम, कहाँ यह समय
　　कहाँ तुम्हारा त्रेता युग,
कहाँ तुम मर्यादा पुरुषोत्तम
　　और कहाँ यह नेता-युग!

सविनय निवेदन है प्रभु कि लौट जाओ
किसी पुराण — किसी धर्मग्रन्थ में
सकुशल सपत्नीक ....
अबके जंगल वो जंगल नहीं
जिनमें घूमा करते थे वाल्मीक !

क्रौंच-वध

हम एक नाजुक दौर से
गुज़र रहे देश की
दर्दनाक हालत हैं,
मौत की अदालत में
अपराधी की तरह खड़ी
ज़िन्दगी की वकालत हैं,
नफ़रतों से भरी दुनिया में
दम तोड़ती
बेगुनाही का बयान हैं,
जिसका ख़ून अब नसों में नहीं
सड़कों पर बह रहा
वो अभागे इन्सान हैं,
ज़ालिम हवाओं में
टहनी टहनी सूखता प्यार
एक घायल दरख़्त हैं,
अपनी ही जड़ों पर
कुल्हाड़ी चलाते आदमी का
बहुत बुरा वक़्त हैं ···

'राम राम' से 'मरा मरा' की ओर
लौटते क्या हम
दीमकों का घर हैं ?
क्रौंच-वध पर
बिलख उठे अनुष्टुप् के
कदाचित हम सब से करुण स्वर हैं।

क्या वह नहीं होगा

क्या फिर वही होगा
जिसका हमें डर है ?

क्या वह नहीं होगा
जिसकी हमें आशा थी ?

क्या हम उसी तरह बिकते रहेंगे
बाज़ारों में
अपनी मूर्खताओं के ग़ुलाम ?

क्या वे ख़रीद ले जायेंगे
हमारे बच्चों को दूर देशों में
अपना भविष्य बनवाने के लिए ?

क्या वे फिर हमसे उसी तरह
लूट ले जायेंगे हमारा सोना
हमें दिखा कर काँच के चमकते टुकड़े ?

और हम क्या इसी तरह
पीढ़ी-दर-पीढ़ी
उन्हें गर्व से दिखाते रहेंगे
अपनी प्राचीनताओं के खण्डहर
अपने मन्दिर मस्जिद गुरुद्वारे ?

तबादले और तबदीलियाँ

तबदीली का मतलब तबदीली होता है, मेरे दोस्त
सिर्फ़ तबादले नहीं,

वैसे, मुझे ख़ुशी है
कि अबकी तबादले में तुम
एक बहुत बड़े अफ़सर में तबदील हो गए :

बाक़ी सब जिसे तबदील होना चाहिए था
पुरानी दरख़्वास्तें लिये
वही का वही
वहीं का वहीं।

सामूहिक बलात्कार

'सामूहिक' शब्द के साथ
'बलात्कार' शब्द का जुड़ना
समूह और बलात्कार का
एकाकार होना है :

यानी 'समूह' जैसी महान् संज्ञा से जन्मे
'सामूहिक' जैसे विशेषण का
एक जघन्य क्रिया से किसी भी रूप में जुड़ना
पूरे समूह का गुनहगार होना है।

एक 'शान्त' युद्ध

सिर्फ़ पटाख़ों और आतिशबाज़ियों से
लड़ा गया वह युद्ध। कोई हताहत नहीं,
रक्तपात नहीं, चीख़ पुकार नहीं —
जैसे बच्चों का वीडियो-खेल
बग़लवाले कमरे में कहीं।

अँधेरी रात
टूटते सितारों से लक़दक़ :
युद्ध युद्ध नहीं
बिल्कुल 'शान्ति' हो जैसे,
आकाश में यों छूटते रहे बम और रॉकेट
हर्षोल्लास के फूल बरसते हों जैसे।

एक करुण प्रसंग भी था —
एक बेचारी चिड़िया
(शान्ति-कपोत नहीं!)
तेल में डूबी,
लेकिन सुखान्त नाटकों के अनुरूप
बच गई अन्ततः वह भी!

कुछ झुलसे हुए शहर
खण्डहरों से भी बदतर हालत में
यहाँ वहाँ दिखे,
मानो आदमी द्वारा नहीं
प्राकृतिक कारणों से नष्ट हुए हों —

वैसे इतिहास उनके बारे में
चाहे जो लिखे।

विजेता
हिंसा के सारे पापों, आरोपों से मुक्त
एक पवित्र धर्मयोद्धा के
प्रभामण्डल से युक्त,
तेज़ रोशनी में दमकता उसका चेहरा
जैसे सोने का एक तमग़ा
जो ख़ासतौर पर
इस विजय-परेड के लिए ही
चमकाया हुआ लगा।

बस इतना ही था समाचार —
आँखों देखे झूठ सच की पूरी कहानी :
खाड़ी-युद्ध की
हू-ब-हू विस्तृत रपट
विश्वस्त सूत्रों की ज़बानी!

एक ऐतिहासिक हद से

आइये फिर करें हमला
एक ऐतिहासिक हद से

दिल्ली में हैं
तो एक पुरानी मिसाल से
ज़रा मिल तो लें

चींटी की मार्फ़त
एक सूँड़ से
उस दुम तक पहुँचना था
जिसका बहुत शोर सुनते थे

दुम ने कहा तुम होगे कामयाब
लेकिन पहली शर्त — हिलो

सो दुम झाड़ कर उठे
लेकिन पहली ही मुठभेड़ में
उखड़ गये पाँव

पहले एक मामूली-सा बिल
फिर सुरंग ही सुरंग

दुम दबा कर ऐसा भागे
कि पहचान के सबूती काग़ज़ात तक गुम

मुँह छिपाये घूमता
एक अदद हिन्दुस्तानी
कि अब वह घर भी लौटे
तो किस मुँह से

जो न ईरानी न यूनानी
न शक न हूण
न अरबी न फ़ारसी
न तुर्क न मंगोल
न देसी न विलायती !

देश का इतिहास कुछ यूँ बना —
सिकन्दर के ख़िलाफ़ पोरस।
बाबर के ख़िलाफ़ साँगा।
शेर के ख़िलाफ़ हुमायूँ।
जब भागे कुचले गये
अपने ही हाथियों से।
जब लड़े
आपस में।
जब मरे
भगदड़ में।

सूरते हाल भी कुछ यूँ ही बनी
कि दिग्गज हमारे
मैदान दुश्मनों का,
जो बच गया रौंदे जाने से
चींटी की बिसात
मगर फ़िक्र ये कि कैसे
घसीट ले जायँ पूरे देश को
अपने बिल में।

जल्दी में

प्रिय जन
मैं बहुत जल्दी में लिख रहा हूँ
क्यों कि मैं बहुत जल्दी में हूँ लिखने की
जिसे आप भी अगर
समझने की उतनी ही बड़ी जल्दी में नहीं हैं
तो जल्दी नहीं समझ पायेंगे
कि मैं क्यों जल्दी में हूँ

जल्दी का ज़माना है
सब जल्दी में हैं
कोई कहीं पहुँचने की जल्दी में
तो कोई कहीं लौटने की ···

हर बड़ी जल्दी को
और बड़ी जल्दी में बदलने की
लाखों जल्दबाज़ मशीनों का
हम रोज़ आविष्कार कर रहे हैं
ताकि दिन दूनी रात चौगुनी बढ़ती हुई
हमारी जल्दियाँ हमें जल्दी से जल्दी
किसी ऐसी जगह पहुँचा दें
जहाँ हम हर घड़ी
जल्दी से जल्दी पहुँचने की जल्दी में हैं।

मगर ··· कहाँ ? ···
यह सवाल हमें चौंकाता है।

यह अचानक सवाल इस जल्दी के ज़माने में
हमें पुराने ज़माने की याद दिलाता है।

किसी जल्दबाज़ आदमी को सोचिये
जब वह बहुत तेज़ी से चल रहा हो
—एक व्यापार की तरह—
उसे बीच ही में रोक कर पूछिये,
"क्या होगा अगर तुम
रोक दिये गये
इसी तरह
बीच ही में एक दिन
अचानक ··· ?"

वह रुकना नहीं चाहेगा।
इस अचानक बाधा पर उसकी झुँझलाहट
आपको चकित कर देगी।

उसे जब भी
धैर्य से सोचने पर बाध्य किया जायगा
वह अधैर्य से बड़बड़ायेगा।
"अचानक" को "जल्दी" का दुश्मन मान
रोके जाने से घबड़ायेगा। यद्यपि
आपको आश्चर्य होगा
कि इस तरह अचानक रोके जाने के ख़िलाफ़
उसके पास कोई तैयारी नहीं ···

अटूट हिस्सा

यह स्तब्धता सामान्य नहीं। असाधारण
कुछ होनेवाले से पहले की तैयारी है।
भीतर ही भीतर लुकेछिपे चलतीं गतिविधियाँ।

यह एक जंगल की चुप्पी नहीं।
तारों के झुरमुट में कोई है
हमें देख रहा। सुन रहा कोई
दिशाओं के कानों से। चल रही देर से
कोई गुपचुप कार्रवाई। दिये जा रहे गुप्त आदेश।

अचानक एक खलबली : पूरब की तरफ़
रोशनी की एक चीख़ के साथ
क्षितिज को फोड़ कर निकलता
ख़ून से सना एक शीश - दृश्य पर
एक विजय की आभा फेंकता हुआ।

इधर उधर भाग रहे
अँधेरे के मनहूस हत्यारे साये
फिलहाल छोड़कर मैदान
छिपने की जगहें खोजते हुए।

यह मनुष्यों के युद्धों और मारकाट के
इतिहासों से लिया गया
कोई छोटामोटा रक्तरंजित क़िस्सा नहीं :
पृथ्वी के जन्म से भी बहुत पहले से
चले आ रहे सृष्टि के तारान्तरीय जीवनक्रम का
अटूट हिस्सा है।

कील जो गड़ती रहती

वह कील जो गड़ती रहती पाँव में
कहीं वही कील तो नहीं
जिस पर घूमती है पृथ्वी ?

सिर से पाँव तक धँसी हुई
अनवरत दुखती एक पैनी तिरछी रेखा
पिछले वृत्तान्तों को
बार बार रद्द करती हुई ···

वह जो चढ़ाया जाता रहा सूली पर ···
यह दर्द
कहीं उसी की पुनरावृत्ति तो नहीं ?

"रास्ता बन्द है" के आगे
जो एक निर्णायक खड्ड है
यह अन्धी रफ़्तार
कहीं उसी ओर ले जाती
विसंगति तो नहीं ?

यह चक्कर जो बँधा है पाँवों में
कहीं उन्हीं ग्रहों का फेर तो नहीं
जिनके फेरे लगाती है पृथ्वी ?

छूट चुका हूँ अंतरिक्ष में
एक अलक्ष्य तीर की तरह ?—या

तीरों के निशान पर चलते हुए
खोज रहा हूँ एक रास्ता
इसे व्यूह से
बाहर निकलने का ?

अलग अलग खातों में

किसी ने कहा — "रुको,"
तो मैंने रुक सकने की संभावना को सोचा।
मैं मजबूर था।
कुछ भी रुका नहीं मेरे रुकने से।

"चलो," किसी ने कहा।
मैंने चलना चाहा तो लगा
कुछ भी तैयार नहीं चलने को मेरे साथ।

शायद उड़ना चाहिए—मैंने सोचा।
पंख फैलाये तो हर तरफ़
न जाने कैसे कैसे
हौसलों के परखचे
उड़ते नज़र आये।

किसी ने कहा — "लड़ो,
ज़िन्दगी हक़ की लड़ाई है।"
हथियार उठाया तो देखा
मेरे ख़िलाफ़ पहला आदमी
मेरा भाई है।

गहराइयों में उतरा —
एक मछली दिखी। उससे पूछा —
"मछली मछली कितना पानी ?"
वह इतरा कर बोली — "मुझे पकड़ो,

पकड़ सको तो वही थाह,
नहीं तो अथाह!"

इसी तरह साल दर साल
अलग अलग खातों में
दर्ज होते रहे मेरे हिसाब,
और एक दिन जब
कुल जमा पूँजी में से
घटा कर देखा पिछला सब रहा सहा
तो ढूँढे नहीं मिल रहा था
वह एक ख़्वाब जो लगा था
ज़िन्दगी से भी बड़ा ···

दिशासूचक यंत्र

उससे कुछ भी पूछो
हमेशा वही "उत्तर" :
शेष उसी उत्तर से
निकलती दिशाएँ ...

अज्ञात का चुम्बकीय आकर्षण,
बार बार वही सम्मोहन —
विचित्र सामुद्रिकी,
किसी अप्राप्य तारे की ओर
खींचती इच्छाएँ

वही जल
वही थल
वही आकाश
घूमफिर कर
वही प्रस्थान
वही यात्राएँ ...

याद आते —
  व्यस्त बन्दरगाहों से छूटते जहाज़,
  साहसिक अभियान,
  तूफ़ानी लहरों से जूझते नाविक,
  चरमराते मस्तूल
  आदिम जंगलों से ढँके अँधेरे महाद्वीप,
  अभेद्य सन्नाटों का आक्षितिज फैलाव ...

और आज भी
उसी तरह
विशालकाय जहाज़ों को
देखता हूँ आकाश पार करते
एक नन्ही-सी सुई के
किसी ध्रुव तारे में
अटल विश्वास के सहारे ···

मरीज़

क्या अब डाक्टरों के बीच
सारी बहसें समाप्त हो चुकीं ?
क्या अब अन्तिम फ़ैसले लिए जा चुके ?
मरीज़ के तमतमाये चेहरे पर
स्वास्थ्य का भ्रम देती हुई सूजन,
सन्निपाती वार्तालाप,
बढ़ा हुआ रक्तचाप,
कहीं ये सब
एक ऐसी लाचारी का लक्षण तो नहीं
जिसके बाद
कुछ सोचने समझने को नहीं रह जाता ?
जब किसी न किसी धर्मग्रन्थ को
अन्त तक मज़बूती से पकड़े हुए हाथ
मरीज़ के बिगड़ते हालात का
अन्तिम बयान होते हैं !

खोज में

कल दलालों की अदालत में
मैं एक गवाह शब्द की जांच में फंसा रहा।
फिर घर आकर एक बड़े ही महात्मा शब्द की
तलाश में वेदों-पुराणों में चला गया।
एक व्यापारी शब्द की पुकार पर
मैं अपने गाँव से निकला
और सीधा बम्बई की ओर भागा।
अन्त में कौड़ी कौड़ी को मुहताज
—अपने सपने तक गँवा—
मैंने एक हताश शब्द के लिए
अपने देश के भूखे चेहरे पर
सदियों से जमी ख़ाक छानी···

* * *

आज मैं शब्द नहीं
किसी ऐसे विश्वास की खोज में हूँ
जिसे आदमी में पा सकूँ।

एवमस्तु

नामी शुभचिन्तकों की फ़ेहरिस्त में
सभी जाने माने। चढ़ावों में
        हमारी जेबें
        हमारी ज़बानें
उनके सामने कटती रहीं
और वे चुप रहे।
    हम सत्तर करोड़ बेचारे
    तन से मन से धन से
    ग़रीबियों का निचोड़
    बैठाते रहे जोड़ तोड़ उन्हीं के साथ

धरम करम की बातें करते
जब सीधी बात पर आये
    दिया लिया ही काम आया
    लोक हो चाहे परलोक
    पुजापा बदस्तूर
जब पहुँचा नीचे से ऊपर तक
तो हर मौक़े मुआयने की एक रपट खुफ़िया
ऊपर से नीचे तक साफ़ सुनायी दिया —
        एवमस्तु।

आदमी का चेहरा

“कुली!” पुकारते ही
कोई मेरे अन्दर चौंका। एक आदमी
आकर खड़ा हो गया मेरे पास।

सामान सिर पर लादे
मेरे स्वाभिमान से दस क़दम आगे
बढ़ने लगा वह
जो कितनी ही यात्राओं में
ढो चुका था मेरा सामान।

मैंने उसके चेहरे से उसे
कभी नहीं पहचाना,
केवल उस नम्बर से जाना
जो उसकी लाल कमीज़ पर टँका होता।

आज जब अपना सामान खुद उठाया
एक आदमी का चेहरा याद आया।

शव-परीक्षा

(संदर्भ : अमरपक्षी फीनिक्स का मिथक)

मानो किसी अमूर्त को मूर्त करता वह एक अक्षर मंत्र था।
कुछ था जो बेचैन करता था
उन आँखों की बिल्लौरी चमक में,
किसी गूढ़ार्थ की तड़ित-कौंधें
उसकी उड़ानों के बेढंगे यमक में ···
लोगों की घबराहटों में उसकी हत्या का पूरा षड्यंत्र था।

एक दिन, किसी के हाथों जब वह मार कर लाया गया ···
सब दंग थे कि उसके पंख उससे
किताब के पन्नों की तरह जुड़े थे,
वे अब भी फड़फड़ा रहे थे हवा में
जो कभी एक असीम में उड़े थे।
वह शून्य से भी अधिक हल्का लगा जब उसे उठाया गया।

कितनी अजीब थी अब उस सौन्दर्य के मरण की प्रतीक्षा
जो असंख्य हत्याओं बाद भी
न तो मरता न हाथ आता ···
उसे जला कर जो राख कर डालती
फिर उसी आग के डैने बनाता।
व्यर्थ थी अमरत्व की खोज में अब उसकी शव-परीक्षा की ···

जब बाहें फैलाईं

जैसे ही पहला पग धरती पर धरा था
लगा एक साथ कुछ ख़ाली कुछ भरा था

मानो दो गतियाँ थीं — एक गति चिन्मय थी,
दूसरी प्रभाव से पहले की गतिमय थी

दो यथार्थ — एक ठोस, एक शुद्ध विस्मय था।
एक भाव आत्मरूप, एक भाव जग-मय था।

पहुँच से बहुत दूर लाखों संसार थे
समय और फ़ासले यद्यपि अपार थे —

जब बाहें फैलाईं जा पहुंचीं तारों तक
मेरे आधारों से उनके आधारों तक —

जैसे एक महास्वप्न निर्विकल्प ठहरा था
मापहीन विस्तृत था, तलविहीन गहरा था :

ऊपर से अलग अलग, अन्दर से संबंधित
"एक" से "शून्य" तक जैसे सम्पूर्ण गणित

बिना सिद्ध किये कुछ होता था स्वयंसिद्ध
ईश्वर-सा कुछ अद्‌भुत होता था रूपबद्ध —

आभासित होता था जल थल में व्योम-सा
उच्चारित होता था अन्तर में ओम्-सा ···

निमित्तमात्र

एक उदास और टूटा हुआ आदमी
खोल रहा
खोटे सिक्कों की दुकान

एक निराश आदमी
अपने को पढ़ कर सुना रहा
भारत का संविधान

आँखें मूँदते ही दिखाई देता
एक दूसरा आसमान

विज्ञापन देता —
"जगह ख़ाली है, एक ईश्वर चाहिए!"

प्रार्थनापत्र देते
न जाने कब से
बेकार घूम रहे दयानिधान

उनसे साक्षात्कार के बाद तय करता
सब से पहले ऊपर की आय
फिर महँगाई भत्ता
और अंत में उनका वेतन-मान

फिर स्वयं निमित्तमात्र बन
दोनों हाथ जोड़ कर कहता —
"अब चाहे दायें से चाहे बायें से
तुम्हीं चलाओ ये तीर कमान ···"

सरकस

दर्शकों से खचाखच भरी हुई दुनिया में
पूरी ईमानदारी से
जोकर का पार्ट अदा करते
संतुलन बनाये रखना
सबसे बड़ा कमाल था।

पसीना पोछो
मेकअप धो डालो
तुम पहले अदमी नहीं
जिस पर बिरादरी को नाज़ है
न तुम अन्तिम आदमी हो
जिसकी कामयाबियों पर
पेट भर हँसी आती।

कबूतर और बिल्ली

उस तसवीर में
सब से ऊँचे कंगूरे पर बैठा कबूतर
  मान लें ज़िन्दा है

और तसवीर के बाहर
कहीं अँधेरों में दुबकी बिल्ली
  उस पर झपटने ही वाली है।

एक पंजा अगर बिल्ली को दबोच ले
तो उसकी म्याँऊँ टें में बदल जायेगी

तेज़ हवा में
तसवीर वाला कबूतर
फड़फड़ा कर उड़ जायेगा।

कबूतर अगर उड़ सके
तो आज़ाद होगा तसवीर की क़ैद से
बिल्ली अगर झपट पाये
तो क़ैद होगी तसवीर के पिंजरे में।

उड़ सकने और झपट लेने के बीच
जो फ़र्क़ है
तसवीर से ज़रा दूर हटने पर
साफ़ दिखाई देता है।

आठवीं मंज़िल पर

आठवीं मंज़िल पर
इस छोटे-से फ़्लैट में
दो ऐसी खिड़कियाँ हैं
जो बाहर की ओर खुलतीं।

फ़्लैट में अकेले
इतनी ऊँचाई पर बाहर की ओर खुलनेवाली
        खिड़कियों के साथ
लगातार रहना
भयानक है।

मैंने दोनों खिड़कियों पर
मज़बूत जँगले लगवा दिए हैं
यह जानते हुए भी
कि आठवीं मंज़िल पर
बाहर से अन्दर आने का दुस्साहस तो
शायद ही कोई करे · · ·

दरअसल मैं बाहर से नहीं
अन्दर से डरता हूँ
कि हालात से घबरा कर
या खुद ही से ऊब कर
किसी दिन मैं ही कहीं
अन्दर से बाहर न कूद जाऊँ

जो कुछ बच रहता है

यह रोगी दाँत ही नहीं
बहुत कुछ जाएगा
  समय के साथ :

कल तक जो अपना था
आज वह दुखता है,
कल वही
असह्य हो
  जाएगा।

चलता है काल-चक्र ··· ···
  देह का राजपाट
  यह सारा खान पान
  रहन सहन
  घमासान
यह शैली क्षय की लय पकड़ चुकी।

फिलहाल, चिन्ता के केन्द्र में
केवल एक दाँत का दर्द नहीं
वह पूरी पंक्ति है जड़ से जो सड़ चुकी।

पुतलों की दंतकथा कहती है बत्तीसी
"सावधान हे राजन्!
अपने पर अनुशासन
जब वह हिल जाता है

हिल जाता सिंहासन,
एक बार पृथ्वी भी लगती है हिलती-सी।

लेकिन
जो बच रहती
एक अलग ताक़त है
दाँतों की ताक़त से
कहीं बड़ा है जीवन।"

एक संक्षिप्त कालखण्ड में

अगर मुझमें अपनी दुनिया को
बदल सकने की ताक़त होती
तो सब से पहले
उस "मैं" को बदलने से शुरू करता
जिसमें दुनिया को बदलने की ताक़त होती।

उसे एक पिचका गुब्बारा देता
जिस पर दुनिया का नक़्शा बना होता
और कहता —

इसमें अपनी साँसें भरो,
इसे फुला कर
अपने से करोड़ों गुना बड़ा कर लो,
और फिर अनुभव करो
कि तुम उतना ही उसके अन्दर हो
जितना उसके बाहर

धीरे धीरे एक असह्य दबाव में
बदलती चली जाएगी
तुम्हारे प्रयत्नों की भूमिका,
किसी अन्य यथार्थ में प्रवेश कर जाने को
बेचैन हो उठेंगी तुम्हारी चिन्ताएँ।

उससे कहता —
एक हिम्मत और करो,

अपनी पूरी ताक़त लगा कर
गुब्बारे को थोड़ा और फुलाओ
······ लगभग ······ फूटने की हद तक ······

अब देखो कि तुम
इस कोशिश में
नष्ट हो जाते हो
एक कर्कश विस्फोट के साथ

या किसी विरल ऊंचाई को
छू पाता है तुम्हारा गुब्बारा

हवा से भी हल्का
और कल्पना की तरह मुक्त

लोगों की क़तार में

ये तीर, तरकस, तलवार
ये जयघोष, ये गुणगान
इनकी आकांक्षाओं से परे
सुखद है यह नंगे सिर नंगे पाँव यात्रा

स्वीकार करता हूँ कि मैं सूरमा नहीं
साधारण हूँ।

क्या करूँगा शरीर पर घाव
और टूटे फूटे हथियार बटोर कर ?

सविनय खड़ा हूँ सबके साथ
घातों प्रतिघातों से ऊबे हुए
लोगों की क़तार में।

वे जो आये थे
युद्ध से पहले ही
अपने ख़ेमे, तमग़े और शर्तनामा लेकर
निराश लौट गये
लड़ाकों और लड़ाइयों के प्रति
मेरे मन में कोई उत्साह न पाकर।

दुश्मनी को प्यार से निरस्त कर देनेवाले
अ-युद्ध प्रस्तावों पर
देखकर मेरे हस्ताक्षर
उन्हें सन्देह हुआ
मेरी निष्पक्षता पर।

आसमान छूती छलांगे

दुर्घटनाएँ
वैसी या वैसे नहीं होतीं
जैसी हम उन्हें
उनके उत्तरार्ध में पढ़ते हैं

वे घट चुकी होती हैं
अपने वर्णनों से बहुत पहले ही
जैसे नशा
चढ़ता तो किसी अन्य वर्तमान में
उतरता कहीं और

बाद में ··· बहुत बाद में ···
क्षत विक्षत लाशों की इबारत में
हम पढ़ते

एक ऐतिहासिक यात्रा का विवरण
कैसे उसकी चक्करदार
आसमान छूती छलाँगें
एक खड्ड में समाप्त हुईं

मुक़द्दमे

एक भी आदमी
साबित नहीं बचा था

दूर दूर तक
उनका चूरा ही चूरा फैला था

वे जो थक थक कर
चूर हो गये थे
फ़ैसलों के आजीवन इन्तज़ार में

जिन्हें सुनायी गयी
मौत की सज़ा
कब के मर चुके थे

जिन्हें रिहाई दी गई
पूरी सज़ा काट चुके थे

नाकाबंदी

चारों तरफ़ नाकाबंदी है आज
कि शहर में अप्रिय कुछ
न घटने पाये।
अप्रिय कुछ को घटने से पहले ही
पकड़ कर अपनी गिरफ़्त में
कर लिया है सरकार ने।

लोग निडरता से आ जा रहे
बाज़ारों में ख़ासी चहल पहल है
सभी तरफ़ बेफ़िक्री
सभी तरफ़ ख़ुशहाली
न कोई फ़सादी
न कोई वबाली
    कहीं आतंक नहीं
    कहीं लूटपाट नहीं
    कहीं धोखाधड़ी नहीं
    कहीं लागडांट नहीं

लगता है आज किसी ने अख़बार नहीं पढ़ा
    सिर्फ़ शासकों का भाषण सुना है।

नामपट्टी

एक नामपट्टी के बारे में सोच रहा
कि कैसी हो,
फिर घर के बारे में सोचूँगा
कि कैसा हो,
फिर उनके बारे में
जो रह चुके रहे जा चुके घरों में।

अन्त में
किसी नए कोण से
सोचना शुरू करूँगा
कि कैसी हो
मेरे घर की नयी नामपट्टी।

सफेद संगमरमर पर काले अक्षर
धीरे-धीरे सफेद हो जाते,
काले पर सफेद लिखावट
धीरे धीरे काली ···
(संगमरमर मुझे मकबरों की याद दिलाते)

लकड़ी की तख्ती
साल भर भी नहीं चलती,
  तांबा
    पीतल
      लोहा
देखते देखते बदरंग और भद्दे हो जाते।

कैसी मुश्किल है
कि एक साधारण-से नाम को
दुनिया की कोई धातु
पूरी तरह धारण नहीं कर पा रही,
जब कि वह जो
ऐसी न जाने कितनी
दुनियाओं को धारण किए है
केवल एक नाम है।

पुराना कम्बल

वह बहस न फ़ैशन पर थी न कपड़ों पर,
वह एक नया धावा था जवानी का
घर के दधीचि पर कि बाबा फिर एक बार
हड्डियों तक नंगे होकर
देवासुर संग्राम में हिस्सा लें
और ऐश्वर्यभोगी देवताओं के हितों की रक्षा करें।

बाबा चीख़ उठे—"इस बार मैं
  इस तरह की लड़ाइयों के
  सिलसिलों को ही समाप्त कर दूँगा,
  दूसरों का नहीं अपना हथियार आप बनूँगा!"

और एक भयानक क्रोध में भर कर उन्होंने
लोहे की तरह काले
एक महाप्राचीन कम्बल को
कवच की तरह धारण किया
  और एक शूरवीर की तरह
  सब से बड़े बाबू के दफ़्तर में डट कर
चालू वित्तीय वर्ष के तमाम फ़ैशनों के ख़िलाफ़
        बग़ावत कर दी।

उच्चाकांक्षा अपनी जगह, पर

किसी भी नैतिकता की चुनौती
स्वीकार करने से पहले ही घबरा जाना —
कहीं यह पुरुषार्थ की कमी तो नहीं ?

मुक़ाबले से पहले ही सोचना
"कहीं मारा न जाऊँ"
कहीं मारे जाने से पहले ही
आत्मविश्वास की कमी तो नहीं ?

उच्चाकांक्षा अपनी जगह, पर
एक छोटे-से प्रयास के सामने
एक छोटा-सा क़दम उठाने से पहले ही
हिल जाना
कहीं स्वयं में हिम्मत की कमी तो नहीं ?

आगे बढ़ कर
पहला वार
पूरे साहस और ईमानदारी से —
अगर यह जीत की रणनीति नहीं
तो केवल स्वरक्षा में
पीछे हटते हुए लड़ना
कहीं यह अन्ततः पराजय की भूमिका तो नहीं ?

सज़ा सिर्फ़ इतनी थी

सज़ा सिर्फ़ इतनी थी
कि नरक से होते हुए गुज़र जाना था।

नर और कुन्जर के फ़र्क़ को मिटाते ही
मिट गया जो
वह एक शोकातुर पिता था।
जो बचा रह गया
हमारे बीच
जंगी प्रतिहिंसा का नरभक्षी प्रेत
पशु है न मानव—
दोनों के बीच का मिटा हुआ अन्तर है।

सज़ा सिर्फ़ इतनी थी
कि इस अन्तर को समझती हुई दृष्टि से
नरक देखना पड़ा था धर्मराज को।

जन्म-मृत्यु के दफ़्तर में

ध्यान से देखिए
वह दबंग आदमी
दो कुर्सियों के बीच की जगह में
इत्मीनान से बैठा है

ऊपरवाली कुर्सी नीचेवाली कुर्सी से
जिस शून्य पर मिलती है
उसे ज़रा भी हिलाते
वह पूरा-का-पूरा हिल जाता

वैसे वह
उस बिन्दु के बराबर है
जिसकी स्थिति तो होती है
नाप नहीं

फिलहाल वह
दो प्रमाण-पत्रों के बीच
एक अपठनीय हस्ताक्षर है
जो मृतक को मृतक घोषित करता

शिकायत

शिकायत मत करो
वरना शिकायतों के निम्न-वर्ग से
कभी ऊपर न उठ पाओगे

किसी से मिलने मत जाओ
कोई आदमी नहीं है
अपनी कुर्सी पर

सच मत बोलो
वरना सब तुम्हें झूठा समझेंगे

अर्ज़ी मत दो
अगर तुम नहीं चाहते
कि तुम्हारी उम्र-क़ैद की फ़ाइल खुले

किसी के सामने टूटने से बेहतर है
अपने अंदर टूटना

किसी से रास्ता मत पूछो
सब भटक रहे
या भटका रहे रास्ता पूछनेवालों को
पूछताछ के दफ़्तरों में

किसी को अपना सही परिचय देकर
ख़तरा मत उठाओ
हर जगह अपनी जेब का परिचय दो

अगर तुम मालामाल हो
तो हर आदमी एक बिकाऊ माल है

आज जब कि हर चीज़ का दाम सिर्फ़ बढ़ने की ओर है
आदमी की कीमत में भारी छूट का शोर है।

बदलते पोस्टर

एक ढहती दीवार पर
नये नये खुशरंग पोस्टर
पुराने पड़ने से पहले
बदलते रहते हैं अकसर

कभी लिरिल साबुन में नहाती सुन्दरी,
कभी डालडा वनस्पति से पनपते बच्चे,
कभी इफ़्को खाद से लहलहाती फ़सलें,
कभी सदाबहार पान के मसाले,
कभी ऐटलस साइकिल पर सवार पग्गड़ किसान,
कभी हाथ जोड़े खड़े धनवर्षा का संदेशा देते
धनकुबेर!

मगर वह गुमसुम उदास लड़का नहीं बदलता
जो ठेके पर सरकारी पोस्टर लगाता है—
"बाप शराब पियेंगे
और बेटे भूखों मरेंगे ⋯"

इतना क्यों समझना होगा

एक बड़े घर में दो छोटे बच्चे
एक साथ बड़े हो रहे :
धीरे धीरे अपने पाँवों पर खड़े हो रहे।

बड़ा जब बड़ाई पाता
तब छोटा भी चाहता जीना
उसी की तरह
खाना, पहनना,
पढ़ना, लिखना,
खेलना और सोना
और यह सब न पाने पर चाहता
उसी की तरह रोना

उसका बाप समझाता —
"हर मामले में बराबरी नहीं चलती,
दुनिया जो है सो है
कोई उसकी तो बनाई नहीं ···"

ooo ooo ooo

इतना क्यों समझना होगा आख़िर
उस नादान बच्चे को
कि वह मालिक के बच्चे का
छोटा या बड़ा भाई नहीं ?

रिक्शा पर

रिक्शा पर ढोंढू भाई :
रिक्शा औ' रिक्शावाले के कुल जोड़ वज़न के ढाई !

आगे थी कठिन चढ़ाई :
देखा रिक्शावाले ने तो ताक़त भर एड़ लगाई :

लेकिन ग़रीब की हिम्मत
हद भर मोटे के आगे कुछ ज़्यादा काम न आई।

लद कर वो बैठे रहे वहीं,
कुछ करें मदद बेचारे की, यह समझ न उनको आई :

रिक्शावाले का मतलब
रिक्शा का हिस्सा नहीं, आदमी होता, ढोंढू भाई !

ये जुल्म देख कर रिक्शा
दो पहियों पर हो गई खड़ी जैसे घोड़ी बौराई !

फिर सरपट पीछे भागी
हो एक तरफ़ से लोटपोट जा पुलिया से टकराई।

यह देख भीड़ घबराई
समझी कोई आफ़त सिर पर उसके ही ढहने आई।

पटकी खा ढोंढू भाई
रिक्शा के नीचे चित् पड़े — रिक्शा मन मन मुस्काई !

बेहाल देख कर उनको
पहले तो सभी सन्न फिर असली बात समझ में आई —

रिक्शावाले को ज़्यादा चोट न आई,
दुबला-पतला था झाड़पोंछ उठ बैठा :
पर ऐम्बुलेन्स में भरे गए
बेचारे ढोंढू भाई।

शोक-सभा : एक दुर्घटना

माथा नत, बन्द नयन, विवश मौन,
श्रद्धांजलि में शरीक़ कौन कौन ?

नगर-सेठ, धन-कुबेर, व्यापारी बड़े बड़े,
सरकारी अफ़सर, मिनिस्टर चुपचाप खड़े।

दुख के प्रदर्शन में वातावरण डूब गया,
दो मिनट दीर्घ मौन, जनता-मन ऊब गया।

भोला ने वाम नेत्र थोड़ा-सा खोला
   एस. पी. ने देख लिया!
आँखों ही आँखों में
   तगड़ा एतराज़ किया।

घबड़ा कर भोला ने फिर आँखें मीच ली,
अन्दर की साँस और अन्दर तक खींच ली।

जान गया मेरी भी घपले में जान गई,
असली था शोक उसे, 'नाहक दूकान गई!'

शान्ति की दुकान

मुहल्ले में वह शान्ति बेचता है।
लाउडस्पीकरों की
एक दुकान है उसकी
मेरे घर से बिल्कुल लगी हुई।

सुबह सुबह मुँहअँधेरे दो घण्टे
लाउडस्पीकर न बजाने के
वह मुझसे सौ रुपये महीने लेता है।

वह जानता है कि मैं
उन अभागों में से हूँ
जो शान्ति के बिना
जीवित नहीं रह सकते!

वह जानता है कि आनेवाले वक़्तों में
साफ़ पानी और साफ़ हवा से भी ज़्यादा
शान्ति की क़िल्लत रहेगी।

वह जानता है
कि क्रान्ति के ज़माने अब लद चुके :
अब उसे अपना पेट पालने के लिए
शान्ति का धन्धा अपनाना है।

मैं उसका आभारी हूँ।
भारत जैसे देश में
जहां क़ीमतें आसमान छू रहीं
सौ रुपये महीने की दर से
अगर दो घंटा रोज़ भी शान्ति मिल सके
तो महँगी नहीं!

पर्यावरण

सड़कों की अजगर-लपेट में मकान
'आ गया, आ गया', चीख़ रहे प्रेशरहॉर्न।

पहियों की घुर-घुर के नीचे से चीत्कार
ट्रकों और बसों से दिन में दस-बीस बार।

खिड़की दरवाजों से घर में घुस आता
शोहदेपनों का एक पूरा अहाता।

सबको है खुली छूट, हल्लों का मुहल्ला है
अपना सिर गेंद, लाउडस्पीकर बल्ला है।

राम और अल्ला के बन्दों का जंगल है,
कानफोड़ आवाज़ों में अखण्ड दंगल है।

धर्म का मतलब अब धन्धा है निठल्लों का,
पटरी पर दुकान-व-मकान दो तल्लों का।

आठों पहर जनता की यह भोंपू-सेवा,
यह प्रसाद सोते, काम करते, जान-लेवा।

सिर में दिमाग नहीं, बची सिर्फ भांय भांय,
कानों में गानों की मची आंय बांय शांय ···

लिखने और पढ़ने में अब किसका ध्यान है ?
कान हुए हाहाकार, ज़लज़ला मकान है।

सिर पकड़े बैठे हैं—कहां इसे दे मारें ?
जो कुछ कर सकते हैं—बहरे हैं वे सारे।

वर्षों इसी तरह

कितनी सस्वर होती है
    प्रतिवर्ष
    ऋतुओं के साथ
एक वृक्ष की जीवनी में
उसकी उत्सवी बनावट

उसका आरोह और अवरोह
    एक विराट आयोजन में
उसका अवसर के संग
    लयात्मक जुड़ाव

    वसन्त के साथ
विलम्बित में खिलती हुई
    किसी लजाती डाल पर
कोपलों की धीमी-सी "अरे सुन ···",
और देखते देखते उसके आसपास
रंगों और सुरभि का द्रुत भराव,

  मन्द से तीव्रतर होती हुई
  अछोर चहल-पहल इच्छा-तरंगों की बढ़त

फिर क्रमशः पतझर के साथ
एक अनन्त उदासी से भरा
    उसका जोगिया तराना

वर्षों इसी तरह
अथक लय विलय में
अन्तिम साँस तक जीवन-राग को
किसी तरह न टूटने देने की
उसकी पागल धुन !

दोनों के बीच

एक फूल अपने पेड़ की प्रशाखा मात्र नहीं
एक स्वतंत्र रचना-विन्यास में अपनी तरह
सुन्दर का मौलिक प्रारूप भी।

रंगों की व्यवस्था में
मौसम की हरी धारीदार क़मीज़ के
खुले कालर पर वह
लाल बटन की तरह
बिल्कुल ढीला टँका
अनायास गिरने गिरने को ···

वह एक भावना भी है
और एक तर्क भी —
एक छोटा-सा जन्म
एक छोटा-सा मरण
और दोनों के बीच
एक बहुत बड़ा फ़र्क़ भी।

हवाओं के झोंकों में

असमंजस
कि जैसे छुईमुई
साहस कि जैसे फूल
सुगन्धि को
एक छलांग भर का मौक़ा था
   इधर आई
   उधर गई
विरुद्ध हवाओं के झोंकों में
   एक साँस
   खिंची
   और चारों तरफ़ फैल गई

कमरों का रंग

मुझे आश्वस्त करता
उन कमरों का दिमाग़ी रंग
जिनमें आमने सामने
हँसते बोलते, बहसें करते
खिड़कियाँ और रोशनदान हों—
  जिनकी बनावट में शामिल
  सिर्फ़ छतें और दीवारें नहीं
  यहाँ वहाँ लुकछिप कर
  झाँकते आसमान हों।

मुझे आशंकित करती
उन कमरों की घेराबन्दी
जिनमें होता है
सिर्फ़ एक सदर दरवाज़ा—
  किसी तोप के मुँह की तरह
  खुला हुआ एकतरफ़ा
  और एकआवाज़ा ···

पक्की सड़क के किनारे

बस यहीं तक पक्की सड़क है,
उसके आगे
सब कच्चा ही कच्चा ···

एक कच्चा रास्ता,
उसके दोनों ओर
खर पतवार से ढँकी
एक कच्ची दीवार,
फिर बहुत दूर तक
एक पगडण्डी
जो एक नाले को पार कर
मेड़ों से बँटे खेतों तक जाती,
खेतों के पास
एक कच्चे तालाब के किनारे
एक घर ···

कभी एक सपना देखा था
उस घर ने
कि एक पक्की सड़क
उस तक भी आयेगी,
प्यार से कहेगी — 'बाबा
लो हम आ गये
तुम्हारे बिलकुल पास !'

खुशी से फूल उठेगा घर
एक पुराने पेड़ की तरह
पक्की सड़क के किनारे ।

सुन्दरता को

कोई बात नहीं
ये कैंची
ये क़ैद
ये फूलदान
तुमने दिया तो एक कमरा
सजाने को
कहा तो मेहमान

दुख से देखा तो
उनका मुरझाना

सुन्दरता को
किसी भाषा में
दिया तो सम्मान

मालती

कितनी ढिठाई से बढ़ती
और कैसा ठठा कर खिलती है मालती

वह एक भीनी-सी खुशबू की कड़ी कार्रवाई है
पछुवाँ के निर्मम थपेड़ों के ख़िलाफ़
घर की पच्छिम की दीवार को यत्न से घेरे
एक अल्हड़ खिलखिलाहट है मालती

आज अचानक क्या हो गया तुझे ?
क्या तेरा बच्चा बीमार है ?
क्यों इस तरह सिर झुकाये
गुमसुम खड़ी है मालती ?

माली कहता —
राकस होती है मालती की बेल
मर मर कर जी उठनेवाली
देसी हिम्मत है मालती
कैसे ही उसे काटो छाँटो
कभी नहीं सूखती है जड़ों से मालती

वृक्षों के शिखर

बन्द कर लें
बन्द वर्षों की ओर खुलती हुई खिड़कियाँ।
देखें उधर जिधर आशीर्वाद लुटाते वृक्षों की
औढर बाहें हैं हवा में झूलती ···
उसी ओर से उगेगा सूर्य
आशा से देखते हैं जिधर
  वृक्षों के शिखर।

उधर ही से जब उठेंगे बादल
यह धरती भीगेगी
जैसे भीगते हैं पहली वर्षा से सिहर
  वृक्षों के शिखर।

कामना करें जैसे किया होगा कभी प्रजापति ने
अपने पुत्रों के लिए कि सुख और शान्ति हो
समस्त पृथ्वी पर। धन्य हों अतिथि
जैसे होते हैं सपरिवार धन्य
नन्हे-मुन्ने फूलों को उठाये कन्धों पर
  वृक्षों के शिखर।

मुक्त हों जैसे होते हैं पुरुषार्थी वृक्ष
दे देकर सूखी ठठरियाँ तक जीवन को :
विसर्जित हों जैसे होते हैं आकाशों को चूमकर
  वृक्षों के शिखर।

स्मृति-दीर्घा

हमारे मिलने के बहुत कम वक़्त का
एक बहुत बड़ा हिस्सा
यों ही गुज़र गया ···

वह यों भी गुज़रता,
पर एक शुभेच्छा की
विघ्नहर विनायक छाया में
अगर झुकते माथे जुड़ते हाथ
तो उस जुड़ने को हम प्रेम कहते
उसके बीतने को उत्सव
और इस वनवास को शायद वानप्रस्थ ···

वैसे हार्दिक स्वागत है
अनेक भंगिमाओं में
तुम्हारे रूप-चित्रों और सैरों की
इस प्रदर्शनी का जो कभी-कभी
स्मृति-दीर्घा में अनायास सज जाती है

एक अप्रत्याशित निमंत्रण

बरसों बाद — जैसे सदियों बाद —
उनका निमंत्रण-पत्र
(साथ में एक व्यक्तिगत नोट!)
इस रात
प्रीति-भोज मेरे साथ
उत्सव की शोभा बढ़ायें
सानुरोध प्रार्थित है
आपकी उपस्थिति
कृपया अवश्य आयें
हम होंगे अनुग्रहीत
प्रतीक्षा में
विनीत ···

(भूले दिन साक्षी हैं —)
आज वो उत्तरापेक्षी हैं!

बार बार लौटे यह शुभ दिन
जब वो एक प्रतीक्षा हों
और मैं एक प्रश्न-चिह्न!

अद्यापि…

(संदर्भ : चौर-पंचाशिका)

आज भी
कदली के गहन झुरमुटों में
एक संकेत की प्रतीक्षा करता हुआ कवि
देखता है किसी अँधेरी शताब्दी में
तुम्हारा सौन्दर्य
एक दीये-सा जगमगाता है।

आज भी तुम्हारे कौमार्य का कंचन-वैभव
कड़े पहरों में
एक राजमहल की तरह
दूर से झिलमिलाता है।

आज भी
तुम्हारे यौवन के एक गुलाबी मौसम से उड़ कर
बेचैन कर जानेवाली हवाओं का
लड़खड़ाता झोंका
फूलों के रंगीन गवाक्षों से आता है।

आज भी
हमारी ढीठ वासनाओं के चोर-दरवाज़ों से होता हुआ
एक सँकरा रास्ता
लुकता छिपता
तुम्हारे शयनकक्ष तक जाता है।

आज भी
नंगी पीठ से चिपकी तुम्हारी कामातुर हथेलियाँ
तुम्हारे बेसब्र समर्पण को स्वीकारता पौरुष
तुम्हें एक छन्द की तरह रचता
और एक उत्सव की तरह मनाता है।

आज भी
तुम एक गीत हो सूनी घाटियों में गूँजता हुआ
जो रात के तीसरे पहर
अपने पंखुरी-से ओंठों को कानों पर रख कर
धीरे से जगाता है।

आज भी
किसी प्राचीन अनुशासन की ऊंची अटारी पर क़ैद
राजकन्या-सा प्यार
एक सामान्य कवि को
स्वीकार करने का साहस दिखाता है।

आज भी
उसकी आँखें तुम्हें एक नींद की तरह सोतीं—
एक स्वप्न की तरह देखतीं—
एक याद की तरह जीती हुई रातों का
वह अन्तराल है
जो कभी नहीं भर पाता है।

आज भी
तुम्हारे साथ जी गई पचास रातों का एक वसंत
प्रतिवर्ष जीवन का कोना कोना
अपनी सम्पूर्ण कलाओं से भर जाता है।

आज भी
एक कवि काल को सम्मुख रख
कठोरतम राजाज्ञा की अन्तिम अवज्ञा में

'विद्या' और 'सुन्दर' की वर्जित प्रेमलीलाओं को
शब्दों की मनमानी ऋतुओं से सजाता है।

आज भी
एक दरबार का पराजित अहं
क्षमा का ढोंग रचता
और विजयी प्यार के सामने
अपना सिर झुकाता है।

काग़ज़, क़लम और स्याही

पहला शब्द एक घटना थी। और पृथ्वी थी
जिस पर अमिट कुछ लिखने के लिए
समय की स्याही थी।

जब मेरा जन्म हुआ
मुझसे कहा गया —
  खेलकूद के लिए
  तुम्हारे पास अधिक समय नहीं,
  झटपट बड़े हो जाओ
  और काम धन्धे से लगो।

इसके पहले कि मैं बूढ़ा हो जाता
कुछ की नज़र
मेरी काग़ज़ी दुनिया पर पड़ी।

एक प्रस्ताव पारित हुआ कि मुझे
प्रकाशित, प्रचारित और प्रसारित
होने के रास्ते पर फिलहाल चलने दिया जाय।

मेरा यह पुनर्जन्म
दिलचस्प था।

अधिकांश मैं
बन्द पड़ा था अल्मारियों में,
एक बड़ा हिस्सा फाइलों में,

थोड़ा बहुत नोटबुकों में,
कुछ पत्रों में, और कुछ
किताबों के हाशियों में।

सोचा, कल को लिखूँ
  इतिहास की तरह,
आज को लिखूँ
  साहित्य की तरह,
अन्त को लिखूँ
  धर्मग्रन्थ की तरह···

कि शब्द आकृतियों में बदलने लगे
विज्ञान के चमत्कार से
  व्यर्थ थीं अब जीवन मरण की चिन्ताएँ,
  दिन में कई कई बार
  जिया मरा जा सकता था
  एक बटन के इशारे पर :
  किसी भी विभीषिका को
  एक मनोरंजन की तरह भी
  खेला जा सकता था।

कभी यदि रद्दी में डाल दी गई
सारी लिखा पढ़ी
तो कबाड़ के भाव
इन दिनों को तौलूँगा!

ooo ooo ooo

फिर कभी काग़ज़ हुआ
तो चेष्टा करूँगा
ज़िन्दगी किसी ऐसे पत्र का इन्तज़ार हो
  जिसे कोई प्यार से लिखे,
  संभाल कर एक लिफ़ाफ़े में रखे,

और अपने होंठों से चिपका कर
देर तक सोचे
कि उसे भेजे या न भेजे ?

000 000 000

जो उसे पायेगा
देखते ही जान लेगा
कि उसके अन्दर क्या है :
  कई दिनों बाद
  सबसे छिपा कर
  उसे खोलेगा
  उसके अन्दर रखे
  दुनिया के सबसे मूल्यवान
  संदेशे को पाने के लिए।

मैं उससे धीरे से कहूँगा —
  "अब उस लिफ़ाफ़े को फेंक दो;
  उसके द्वारा तुमने वह पा लिया है
  जिसके लिए उसके इतने जन्म हुए।"

शायद वह भावुक हो जाय
और उसे फेंकने का साहस न कर सके

इस तरह संभव है वह
उस अमूल्य संदेशे के साथ
एक अटूट बन्धन में बँध जाये।

सुनयना

(1)

कई बार ऐसा हुआ
कि वैसा नहीं हुआ
जैसा होना चाहिए था ···

कैसा होना चाहिए था
फूल-सी सुनयना की आँखों में
अपने प्रेम में विश्वास का रंग ?

वैसा नहीं मिला मौसम
जिसमें खिलते हैं फूल
अपनी समस्तता में
निश्छल और चंचल एक साथ ···

(2)

कुछ लोग उसे देखने आये
देखने की तारीख़ से पहले,
ख़रीद की तर्ज़ पर पक्की कर गये उसे
पकने की तारीख़ से पहले।

(3)

तूफ़ानों से लड़ती
एक अकेली पत्ती
दरख़्त की उँगली पकड़े ···

उसके विश्वास का रंग

अब वैसा था जैसा होता है
डाल से तोड़े हुए फूलों का रंग।

(4)

··· पिछली बार अयोध्या में
कनकभवन की सीढ़ियों से उतरते देखा उसे —
भस्म अंगों में वैसा न था यौवन
जैसा होना चाहिए था
ऐसे भरे फागुन में टेसू का रंग!

अब वह
सूर्यास्त समय
जैसे नदी पार के घिरते अँधेरे में
घुलता चला जाय एक बजरे का रंग
ऐसा था ऐसे समय
हाथों में फूल लिये
उसका चुपचाप कहीं
ओझल हो जाने का ढंग।

वह जो

वह जो मुँहअँधेरे उठ कर
घर के कामकाज में लग गई
एक बहुत बड़ी छाया है
जो इस समय दुनिया पर छाई है।

एक सूर्योदय हो रहा।
उसकी कोमल टहनियों से झाँकती धूप।
देखते देखते
सुलगती अँगीठी पर
दूध की तरह उफ़नते
सवेरे की ताज़ी गन्ध से
भर उठेगा पूरा घर।

चहचहाती चिड़ियों की तरह
वह अभी मुझसे झगड़ने लगेगी
कि मैं इतनी देर तक क्यों सोता हूँ,
बिना उस सपने की परवाह किये
जिसे मैं देख रहा हूँ।

वह हवा की तरह बहेगी घर में :
मेरे लाख कहने पर भी कि ज़रा ठहरो
—कभी झल्लाती, कभी खिलखिलाती
इस दरवाज़े से उस दरवाज़े
ठहरेगी नहीं
उसकी लगातार आवाजाही।

वह जो नाश्ता बना कर
साड़ी का पल्ला कमर में लपेटे
अब ऊनी कपड़ों को धूप दिखाने जा रही—
क्या वह जानती है कि उसके हाथों में
इस समय अरगनी नहीं
एक कविता की बागडोर है?

अब उसे कौन समझाये
कि आमदनी और ख़र्च का
सही सही हिसाब मिलाना
उसके क्या किसी के भी बूते से बाहर है :
दाँतों तले पेन्सिल दबाये
मुझसे मेरे अनापशनाप ख़र्चों का हिसाब माँगती
वह समझ रही कि ज़िन्दगी की गणित में
रोज़मर्रा का नहीं
उम्र भर का घपला है।

सब के लिए
एक बड़े-से-बड़े अपनत्व की सृष्टि ···

धन्यवाद उस तक पहुँचता इससे पहले ही
मैं सुन रहा किसी को सीढ़ियाँ उतरते
मैं देख रहा उसको बाहर निकलते ···

अचानक एक जादू-सा टूटता
जो मुझे बाँधे हुए था।

नदी बूढ़ी नहीं होती

बहुतों को पसन्द करती है वह।
उसकी पसन्दें मुझे भयभीत नहीं करतीं।

बहुतों से अलग
कभी कभी बिल्कुल अपनी तरह
उसके साथ होने की इच्छा को
मैंने खुद से भी छिपाया है :

अज्ञात जगहों में
लम्बी यात्राओं में
उसके और अपने बीच
अनेक काल्पनिक प्रसंगों को
इस तरह रचा है
मानो वह मीनाक्षी नहीं
मेरी कविता या कहानी हो
जिसे जब जैसे चाहूँ
लिख या पढ़ सकता हूँ :

मानो वह अधिकार देती है
कि उसके हँसने को
ऐसा कोई अर्थ दूँ
जैसा देती है कभी कभी धूप
   ऊँचाइयों से गिरते झरनों को,
या हवा
   लोटपोट फूलों को,

या उसके बोलने को कहूँ
कि वह एक छन्द है जिसके अन्दर
    मेरी एक अटपटी इच्छा बन्द है,
या उसके साथ
किसी मामूली-सी चहलक़दमी के किनारे
एक नदी बना दूँ या माँडू का क़िला
और कहूँ कि रूपमती
इस क्षण मैं सैकड़ों वर्षों को जीना चाहता हूँ
तुम्हारे साथ —

और अचानक उसे बाहों में भर कर चौंका दूँ
एक ऐसे वक़्त
जब वह सचमुच परेशान हो
अपने चेहरे पर गाढ़ी होती झुर्रियों को लेकर
या आँखों पर जल्द चढ़नेवाले चश्मों की चिन्ता से!

ooo ooo ooo

हवा से खेलते उसके केश,
एक खुशबू उसे छूते हुए
ठहर गई है स्मृति में उकेरती हुई
एक इच्छा-मूर्ति।

किसी मन्दिर की निचली सीढ़ियों को
छूती कावेरी या तुंगभद्रा —
    लहरों को छूते उसके हाथ
पिछली सदियों का प्रमाद
जब यक्षिणी के पाषाण-वक्षों तक
उठ आया था बाढ़ का जल
और ठहरा रह गया था वहीं
उसका एक दुस्साहसी पल।

ooo ooo ooo

आओ इस भागते उजास को जियें
डूब कर उस एक नाजुक क्षण में

जब सब कुछ होता है हमसे
उदास या प्रसन्न,

एक अपवाद से ज़्यादा लम्बी हो
तुम्हारी आयु
उन शब्दों में
जो तुमसे मिलता जुलता
एक सपना देखते हैं—
कि उस सूर्य-बिन्दु तक उठें
जहाँ से साफ़ देखा जा सके
इस मटमैली सतह को
जिसे हम बार बार सजा कर
धारण करते हैं एक मुकुट की तरह,

एक नये संधि-तट से देखें—
उस अरूप शिलावत् चमक को
चिटक कर स्वयं से अलग होते,
तडित्-गति से कौंध कर
पृथ्वी में प्रवेश करते,
और एक अमिट अनुभव के सौन्दर्य को
किसी भविष्य में घनीभूत होते।

OOO OOO OOO

साथ बहें :
जिन तटों को हम छुयेंगे बसा जायेंगे।
हज़ारों नाम देंगे
इस उन्माद के वशीभूत होने को,
एक आवेग में बह जाने को कहेंगे जीवन,
अपने ही प्रवाह में नहा उठने को
एक अलौकिक संज्ञा में बाँधेंगे,

और एक दिन
इसी तरह बहते हुए

कभी जंगल, कभी गाँव, कभी नगर से होते हुए
सागर में समा जाने को
ढिठाई से कहेंगे
कि नदी बूढ़ी नहीं होती।

अन्तिम परिच्छेद में

कल्पना करो कि तुम सुखी हो
जीवन के अन्तिम परिच्छेद में

कथानक पीछे लौट रहा
मृत्यु से जीवन की ओर

पार करते हुए
कठिनाइयों के अथाह दुर्गम को
वहाँ पहुँच रहा
जहाँ वे दोनों
एक दूसरे से मिल कर
एक हो जाते हैं

वह अतिरेक अब
उनमें समा नहीं पा रहा

वह एक खुशी का जन्म है
एक असह्य पीड़ा से ।

एक जन्मदिन जन्मस्थान पर ···

क़स्बे की साँझ, बुझे कण्डों का धुआँ,
बल्बों की फुन्सियाँ जल उठीं यहाँ वहाँ।
अभी गये साल यहाँ आई है बिजली —
लेकिन बस एक सड़क छूते हुए निकली :
कुत्ता-लोट सड़कें और कौव्वों की काँव-काँव,
धूल भरे चौराहे पूछ रहे नाम गाँव ···

घोड़ी बेच घिर्राऊ रिक्शा ले आये,
इक्का-दिन बीते अब रिक्शा-दिन आये :
एक जून दाल भात, एक जून चना,
भरते पेट घोड़ी का कि भरते पेट अपना :
जान लिये लेती है रिक्शा की खिंचाई,
बाक़ी कमर तोड़ रही बढ़ती महँगाई।

यादों की पगडण्डी, खेतों की मेड़-मेड़
कुएँ की जगत पर पीपल का वही पेड़ ···
पेड़ तले पंडित सियाराम का मदरसा
लगता था तब भी पंडिताइन के घर-सा :
वही अंकगणित और वही वर्णमाला —
चलती है सृष्टिवत् उनकी कार्यशाला :
वह सादा जीवन जो अनायास बीत गया
कितने निर्द्वन्द्व भाव एक युद्ध जीत गया :
रुधे कण्ठ, भरी आँख, उनका आशीर्वाद —
"कैसे हो बेटे तुम ? दिखे बहुत दिनों बाद ···"

वही तो चौक है — वही तो बजाजा है —
वैसी ही भीड़भाड़, वैसी ही आ जा है :
गेहूँ की बोरी से टेक लगाये, अधलेटा,
भज्जामल अढ़तिये का सिड़बिल्ला बेटा,
वैसे तो जनमजात तुतला और बैला था
पर इससे क्या होता — रुपयों का थैला था!
नुक्कड़ पर दीख गये बूढ़े इरफ़ान मियाँ,
सब उनको प्यार से कहते हैं "बड़े मियाँ" :
बाबा के जिगरी दोस्त, गाँव के बुज़ुर्गवार,
झगड़ों मुक़द्दमों में सबके सलाहकार ···
मेरे आदाब पर दिल से दुआएँ दीं,
सेहत के बारे में एक दो सलाहें दीं।

बापू की "बेटा" सुन आँखें भर आईं —
नीम के झरोखों में सिसकी पुरवाई :
"बेटा घर आया है", कहने को होंठ हिले
पर शायद इतना भी कहने को न शब्द मिले!
एक वृक्ष वंचित ज्यों अपनी ही छाया से —
उदासीन होता मन अपनी ही काया से।
ताड़ों पर झूलते पतंग-दिन बचपन के;
बीत रहे बुआ के विधवा-दिन पचपन के।
अम्मा की ऐनक पर बरसों की जमी धूल,
रख्खा रामायण पर गुड़हल का एक फूल :
दोने से निकाल कर प्रसाद दिया मंगल का,
आँखों से प्यार लगा अब छलका तब छलका :
आँचल क्यों बार बार आँखों तक जाता है ?
आँसू का ख़ुशियों से यह कैसा नाता है :
कभी उसे वही, कभी बदल गया लगता हूँ,
कभी कुछ दुबला तो कभी थका लगता हूं —
"ज़रा देर लेट ले — सफ़र की थकान है — "
"ठीक हूँ अम्मा, तू नाहक परेशान है ··· "

बहन को देख कर अम्मा ने आह भरी —
"छब्बिस की हो गई इस असाढ़ माधुरी,"
कहने लगीं, आले पर रखते हुए लालटेन,
"दस बीघा खेती है, थोड़ी-बहुत लेनदेन,
तीस की मांग थी, पच्चिस पर माने हैं,
बाक़ी हाल घर का तू ख़ुद ही सब जाने है।
लड़की का भाग्य — कौन जाने क्या होना है —
भरेगी माँग या अभी और रोना है ···"

"मुझे नहीं करना है उस घुघ्घू से शादी,
कुछ माने रखती है मेरी भी आज़ादी!
सबको बस एक फ़िक्र रातदिन सुबहशाम,
लड़की सयानी हुई, शादी का इन्तज़ाम —
एक रस्म जल्दी-से-जल्दी निबाह दो
लड़की का मतलब है किसी तरह ब्याह दो :
मुझ पर ही रहने दो तुम सब मेरा जिम्मा,
पढ़ी लिखी हूँ मैं भी, कुछ कर सकती हूँ अम्मा ···"
कहने को कह डाला, फिर सहसा फूट पड़ी,
बिजली-सी कड़की और वर्षा-सी टूट पड़ी,
सबको डरा कर फिर ख़ुद ही से डर गई,
घबरायी बिल्ली-सी इधर गई उधर गई ···

मैंने कहा हँसते हुए, "लगता ये सिरफिरी
सचमुच अब छब्बिस की हो गई माधुरी —
जल्दी यदि तूने कुछ किया नहीं तो अम्मा
अपने सिर ले लेगी दुनिया भर का जिम्मा!"

मुझे देख आँखों की बुझती गोधूली में
बाबा ने टटोला कुछ यादों की झोली में —
"हम में से एक को अकेले भी रहना था,
अच्छा है इस दुख को उसे नहीं सहना था ···"
और फिर घिर आई पूर्ववत् उदासी ···
बाबा ने इसी साल पूरे किये इक्यासी।

बच्चा अधनींद में "अम्मा" चिल्ला पड़ता,
अपने ही सपनों से अपना ही भय लड़ता :
सोते में लाँघ गई शायद बिस्तुइया,
असगुन सोच सिहर गई भीरुचित्त मैय्या !

दौड़ रहे भइया किसी डाके की गवाही में,
लेना न देना कुछ, ख़ामख़्वाह तबाही में।
भइया को पुलिस ने बुलाया है थाने,
क्या दुर्गति हो उनकी राम जी जानें।

बोले दरोगा जी, "सोच लो रमेश्वर
दुनिया नहीं चलती है ख़ाली ईमान पर,
होते दो-चार ही गांधी से मानव
बाक़ी आम लोग तो न देवता न दानव,
मामूली लोग हम, छोटी-सी ज़िन्दगी,
क्या हमें सफ़ाई और क्या हमें गन्दगी,
हमको तो किसी तरह पापी पेट भरना है
थाने और घर के बीच गुज़र बसर करना है।"

सिर पकड़े सोच रहे हम भी और भइया भी
इस जीवन-दर्शन की यह कैसी चाभी !
थाने से लगा एक घोसी का अहाता
दूध और पानी का सदियों से नाता।
ज्यों ही कमरे से बाहर मुँह निकाला
लिपट गया मुँह भर पर मकड़ी का जाला !
आपे से बाहर हो भइया चिल्लाये —
"ऐसी गवाही से बेहतर है मर जाये !"
"भइया, इस गुस्से की नैतिक औक़ात से
कहाँ कहाँ भिड़ियेगा ? किस किस की बात से ?
आँखें मूँद सो रहिए, ऐसी ही दुनिया है,
अपना भी कुटुम्ब है—मुन्ना है, मुनिया है ···"
"मेरे ही दुर्दिन हैं, उनका तो क्या होना,
लेकिन मुँह ढाँक कर ऐसा भी क्या सोना !

आज नहीं कल सही — लड़ना तो होगा ही —
कहाँ तक न बोलेगी आखिर बेगुनाही ?" ···

दिल्ली में दो कमरे : सपनों में गाँव :
कभी इस पाँव खड़े कभी उस पाँव :
यह कैसा दिशा-बोध घबराया घबराया —
यह चेहरा बदहवास, वह चेहरा कुम्हलाया ···

इच्छा-मरण

अयोध्या में वास करता एक वृद्ध
शैय्या पर पड़े पड़े सोचता —
अब शाम हुई
अब किसी भी समय
रुक सकता है युद्ध।

तकिया पर लुढ़का हुआ सिर
गिरा हुआ स्वास्थ्य
सुनने की शक्ति से दूर जाता कोलाहल
यह जो रोज़ सुबह छिड़ता था संग्राम
यह जो रोज़ होती थी उसकी संधि-शाम
ये दैनंदिन उसके शुभाशुभ फलाफल
बटोरते घोसले और शिविर एक साथ —
कितने ठंढे उसके हाथ!

वह जो एक कारण है सदाशिव
इस परिणाम से मुक्त
परम गति और परम दुर्गति दोनों से तटस्थ
सरयू तीर
प्रतिदिन कुशा की तरह
प्रवाहित करता जल में
अपने को
एक निरिच्छा जर्जर शरीर ···

नीम के फूल

एक कड़वी-मीठी औषधीय गन्ध से
भर उठता था घर
जब आँगन के नीम में फूल आते।

साबुन के बुलबुलों-से
हवा में उड़ते सफ़ेद छोटे छोटे फूल
दो एक मां के बालों में उलझे रह जाते
जब वो तुलसी पर जल चढ़ा कर
आँगन से लौटतीं।

अजीब बात है मैंने उन फूलों को जब भी सोचा
बहुवचन में सोचा।
उन्हें कुम्हलाते कभी नहीं देखा—उस तरह
रंगारंग खिलते भी नहीं देखा
जैसे गुलमुहर या कचनार—पर कुछ था
उनके झरने में, खिलने से भी अधिक
शालीन और गरिमामय, जो न हर्ष था
न विषाद।
जब भी याद आता वह विशाल दीर्घायु वृक्ष
याद आते उपनिषद् : याद आती
एक स्वच्छ सरल जीवन-शैली : उसकी
सदाशान्त छाया में वह एक विचित्र-सी
उदार गुणवत्ता जो गर्मी में शीतलता देती
और जाड़ों में गर्माहट। याद आती एक तीखी
पर मित्र-सी सोंधी खुशबू, जैसे बाबा का स्वभाव।

याद आतीं पेड़ के नीचे सबके लिए
हमेशा पड़ी रहनेवाली
बाध की दो-चार खाटें :
निबौलियों से खेलता एक बचपन · · ·

याद आता नीम के नीचे रखे
पिता के पार्थिव शरीर पर
सकुचाते फूलों का वह वीतराग झरना
—जैसे माँ के बालों से झर रहे हों—
नन्हे-नन्हे फूल जो आँसू नहीं
सान्त्वना लगते थे।

पुनश्च

मैं इस्तीफ़ा देता हूँ
व्यापार से
परिवार से
सरकार से

मैं अस्वीकार करता हूँ
रिआयती दरों पर
आसान किश्तों में
अपना भुगतान

मैं सीखना चाहता हूँ
फिर से जीना ....
बच्चों की तरह बढ़ना
घुटनों के बल चलना
अपने पैरों पर खड़े होना
और अन्तिम बार
लड़खड़ा कर गिरने से पहले
मैं कामयाब होना चाहता हूँ
फिर एक बार
जीने में

स्पष्टीकरण

ग़लत से ग़लत वक़्त में भी
  सही से सही बात कही जा सकती है।
हम थोड़ी देर के लिए
  स्थगित कर सकते हैं युद्ध,
महत्व दे सकते हैं अपने भयभीत होने को,
  स्वीकार कर सकते हैं अपनी बदहवासी,
एक बार, कम से कम एक बार तो
  काँप सकते हैं हमारे हाथ,
हम चीख सकते हैं कि 'नहीं ···
  ये सब पराये नहीं मेरे हैं,
  मैं इन्हें नहीं मार सकता,
  मैं युद्ध नहीं करूँगा ···'

ऐसी विषम घड़ी में हमारे अन्तःकरण
  कम से कम एक बार तो
बना सकते हैं ईश्वर को साक्षी —
  मांग सकते हैं उससे भी स्पष्टीकरण ···

हँसी

धीरे धीरे टूटता जाता
  मेरी ही हँसी से मेरा हर नाता
अकसर वह सही जगहों पर नहीं आती
  अकसर वह ग़लत जगहों पर आ जाती
मानो कोई फ़र्क़ ही न हो सही और ग़लत में,
  मानो हँसी मेरी हँसी नहीं अपनी मर्ज़ी हो —
चेहरे पर अपने ढंग से चढ़ा हुआ एक रंग
  जो किसी खुशी का द्योतक न होकर
एक विदूषक की भूमिका हो किसी प्रहसन में।

कभी कभी एक अधूरी हँसी
  या बनावटी हँसी
  या विक्षिप्त हँसी
विकृत कर जाती है
  चेहरे की दरकती हुई जटिल नक़्क़ाशी को · · ·
सिर्फ़ आँखें हँसतीं
या सिर्फ़ होंठ
  बाक़ी चेहरा किसी अन्य तल के प्रशान्त में
अधडूबी चट्टान-सा झलकता जिसे
  हज़ारों वर्षों में लहरों और तूफ़ानों ने
तराश कर एक मनुष्य-चेहरे का आकार दिया हो।

भूल चूक लेनी देनी

कहीं कुछ भूल हो
कहीं कुछ चूक हो कुल लेनी देनी में
तो कभी भी इस तरफ़ आते जाते
अपना हिसाब कर लेना साफ़
ग़लती को कर देना मुआफ़
विश्वास बनाये रखना
कभी बन्द नहीं होंगे दुनिया में
ईमान के खाते।

किसी और ने नहीं ...

नहीं, किसी और ने नहीं
मैंने ही तोड़ दिया है कभी कभी
अपने को झूठे वादे की तरह
यह जानते हुए भी कि बार बार
लौटना है मुझे
प्रेम की तरफ़
विश्वास बनाये रखना है
मनुष्य में
सिद्ध करते रहना है
कि मैं टूटा नहीं

चाहे कविता बराबर ही
जुड़े रहना है किसी तरह
सबसे।